Siemens – wohin?

Lutz Hoeth absolvierte eine Lehre im Hause Siemens. Nach dem Studium der Elektrotechnik war er in verschiedenen Bereichen der Siemens AG als Elektroingenieur tätig. Durch Verlagerung der Produktion in das Ausland schied er aus dem Unternehmen aus und begann das Studium der Politikwissenschaft an der Freien Universität Berlin und das Studium der Neueren Geschichte an der Technischen Universität. Im Jahr 2004 und 2005 wurden die Studiengänge mit dem Diplom bzw. mit dem Magister abgeschlossen. Anschließend promovierte der Autor zum Dr. phil. an der Technischen Universität Berlin.

Anfang 2008 versuchte der Autor mit dem im Rahmen der Umstrukturierung des Konzerns ausgeschiedenen Vorstandsvorsitzenden v. Pierer und seinem Nachfolger per Brief in Kontakt zu treten, diese Versuche schlugen fehl. Auch das Bemühen, mit dem neu installierten Anti-Korruptionsvorstand in Verbindung zu treten, hatte keinen Erfolg. Daraufhin stand der Entschluss fest, die vielen Informationen zur Siemens-Schmiergeldaffäre zu sichten und zu versuchen, mit dem gesammelten Material zu einem Verständnis zu kommen, wie es zum größten Wirtschaftsskandal der Nachkriegsgeschichte in Deutschland kommen konnte. Dabei ist zu berücksichtigen, dass die Ermittlungen andauern, und es noch mehrere Monate dauern wird, bis die ermittelnden Staatsanwaltschaften die Akten endgültig schließen können.

L. Hoeth

Siemens – wohin?

Dokumentation und Gedanken
zum Korruptionsskandal

Bibliografische Information der Deutschen Nationalbibliothek
Die Deutsche Nationalbibliothek verzeichnet diese Publikation in der
Deutschen Nationalbibliografie; detaillierte bibliografische Daten sind
im Internet über http://dnb.d-nb.de abrufbar.

© 2008 Lutz Hoeth
Satz, Umschlaggestaltung, Herstellung und Verlag:
Books on Demand GmbH, Norderstedt
ISBN: 978-3-8370-3234-5

Inhalt

Vorwort

Die Qualität der Führung steht nachweisbar in unmittelbarem Zusammenhang mit dem wirtschaftlichen Erfolg, so äußerte sich der Siemens-Chefstratege Feldmayer in der Siemens Welt 12/ 2002, 22 f. Viele langjährige Mitarbeiter sorgen sich nun im Jahr 2008 um die Zukunft des Unternehmens, nicht weil die Geschäfte schlecht laufen, sondern weil einige Dutzend Mitarbeiter aus der Führungsschicht offensichtlich ihre Aufgaben falsch verstanden haben oder von ihren Vorgesetzten zu Handlungen veranlasst wurden, die den Korruptionsskandal ausgelöst haben.

Der Autor dieses Buches unternahm Anfang des Jahres 2008 den Versuch, mit zwei neuen Vorständen bzw. mit dem zurückgetretenen Vorstandsvorsitzenden v. Pierer in Kontakt zu treten, wie sich herausstellte, ein fehlgeschlagenes Unterfangen. Um trotzdem Informationen zum Korruptionsskandal zu erhalten, wurde eine breit angelegte Medienrecherche betrieben, die zu dem vorliegenden Ergebnis führte. Im Nachhinein ist es erschreckend, heute festzustellen, dass während der Recherche zur Diplomarbeit im Hause Siemens im Jahr 2003, als u. a. im Bereich der Festnetzsparte Information Communication Network (ICN) Beschäftigte aus Kostengründen entlassen wurden, gleichzeitig Manager durch die Lande reisten, um mit entsprechenden Schmiergeldzahlungen ins Telefongeschäft zu kommen.

Wie soll ein damals in Berlin entlassener ICN-Mitarbeiter nachvollziehen können, dass es dem Unternehmen um Einsparungen ging, wenn heute Strafen im Milliardenbereich (nicht Millionen!) erwartet werden, die offensichtlich aus der Portokasse beglichen werden können. Wie will das

Unternehmen den älteren Mitarbeitern glaubhaft vermitteln, sie seien zu teuer, Weiterbildung müsse sich rechnen, wenn man von der amerikanischen Börsenaufsicht gleichzeitig Strafen von bis zu vier Milliarden Euro erwartet?

Der Öffentlichkeit wird nur schwer zu vermitteln sein, dass der ausgeschiedene Vorstandsvorsitzende Kleinfeld, mit wenigen Jahren in führender Position, eine Sonderzahlung von 5,7 Millionen Euro erhält, damit er nicht zu einem Siemens-Konkurrenten geht, gleichzeitig der neue Vorstandsvorsitzende Löscher und der neu installierte Antikorruptionsvorstand Solmssen, obwohl beide von dem amerikanischen Konkurrenten General Electric kommen, bzw. tätig waren, bei Siemens aufgenommen werden. Sehr beunruhigt darüber, dass amerikanische Anwälte nun bei Siemens täglich ein- und ausgehen, zeigte sich der Präsident des BDI Thumann in einem Fernsehinterview.

Für Steuernachzahlungen, Strafen und Anwaltshonorare wurden bereits 1, 5 Milliarden Euro ausgegeben, dem neuen Vorstandsvorsitzenden Löscher überwies man 8,5 Millionen Euro als Einstand. Offensichtlich stört die Öffentlichkeit bei der Aufarbeitung dieser Vorgänge, erkennt man im Unternehmen nicht, dass die Gesellschaft auch ein Recht hat zu erfahren, ob die in den Medien erhobenen Vorwürfe, und die gehen, was Korruption betrifft, sehr weit zurück, zutreffen oder nicht?

Muss es nicht jedem mittelständischen Unternehmen Angst machen und Unbehagen hervorrufen, sich mit Siemens um eine Ausschreibung zu bewerben? Als es im Jahr 1992 in der Landeshauptstadt München um den Auftrag für ein Klärwerk ging, stellte der Richter im März 1992 am Ende der Korruptionsaffäre fest: mit allen Mitteln habe der Konzern versucht, den Auftrag an Land zu ziehen. Damit dies gelingen konnte, hätten Siemens-Mitarbeiter einen Beschäftigten im Hochbauamt mit mehreren hunderttausend Mark bestochen. Die Mitarbeiter erhielten Gefängnisstrafen und von Pierer, damals stellvertretender Vorstandsvorsitzender, versprach, dass sich Dinge, wie sie in München passiert seien, nicht wiederholen dürften.

Auch der von Siemens in der Korruptionsaffäre eingesetzte amerikanische Aufklärer Hershman fordert, dass die Öffentlichkeit Informationen erhält. Die Münchner Staatsanwaltschaft müsse auf Pressekonferenzen informieren, Hershman als Mitbegründer von Transparency International ist aber optimistisch, dass der Schmiergeldprozess restlos aufgeklärt wird, und da hat der ehemalige Watergate-Aufklärer seine Erfahrungen gemacht. Was werden die zurückgetretenen Vorstandsvorsitzenden zum größten Korruptionsskandal der deutschen Wirtschaftsgeschichte zur Aufklärung beitragen und zu was bereit sein, auszusagen?

I. Einleitung

Korruption wird allgemein definiert als „misuse of public power for private profit", gegeben hat es sie zu allen Zeiten und in allen politischen Systemen. Deshalb ist der empirische Nachweis schwierig, ob die Häufung von aufgedeckter Korruption Zufall ist oder es tatsächlich verstärkt Korruption gibt. Immer wurde gegen Verhaltensnormen verstoßen, das können Amtspflichten, Gesetze oder moralische Standards sein. Korruption bezeichnet die Aktivitäten des Gebenden wie auch des Empfängers (Wewer, 267 ff.).

Seit Mitte der 90er Jahre hat die Bestechung in Deutschland stark zugenommen, trotzdem warnte der damalige Hauptgeschäftsführer des Bundesverbandes der Deutschen Industrie (BDI) Ludolf von Wartenberg davor, Korruptionssünder herauszugreifen und in eine „schwarze Liste" einzutragen, um sie von öffentlichen Aufträgen auszuschließen. Nur weil ein Unternehmen einmal gegen die Ausschreibungsbedingungen verstoßen habe, dürfe es nicht generell ausgeschlossen werden. Seit Jahren fordert der BDI aber eine stärkere Bekämpfung der Korruption in den Unternehmen und empfiehlt seinen Mitgliedern strengere Kontrollen.

Im Jahr 1994 gab es laut Bundeskriminalamt in Deutschland lediglich 258 Korruptionsverfahren, bis zum Jahr 2000 stieg die Zahl auf 1243 Fälle, vor allem in Bau- und Kommunalbehörden. Dieser Anstieg strahlt auch auf das Bild Deutschlands im Ausland ab. Transparency International, eine Organisation, die Korruption bekämpft, erarbeitet jährlich eine Rangfolge der Länder, die als wenig korrupt angesehen werden. Der Corruption Perceptions Index (CIP) wies Deutschland auf dem 20. Platz aus, im Jahr 1999 lag die

Bundesrepublik noch auf Rang 14. Angesichts der Skandale bei Siemens und Volkswagen muss der 16. Rang im Jahr 2007 fast überraschen. Verständlich wird die Rangfolge, weil der CIP sich nur auf Korruption in Politik und Verwaltung bezieht, was in Firmen geschieht, spielt bei der Bewertung keine Rolle.

Der Vorsitzende von Transparency Deutschland, Hansjörg Elshorst, beklagt auch rechtliche Defizite im Kampf gegen die Korruption. Die im Jahr 2003 beschlossene UN-Konvention kann in Deutschland nicht umgesetzt werden, weil die nationalen Gesetze zur Bestechung von Abgeordneten zuvor verschärft werden müssten. Auch Unternehmen könnten hier nicht, wie in den USA, für ihr Handeln zur Verantwortung gezogen werden. In Deutschland können sich die Unternehmen aus der Affäre ziehen, indem sie die verantwortlichen Manager entlassen.

Im Jahr 2007 erlebte die deutsche Industrie den größten Korruptionsskandal der deutschen Wirtschaftsgeschichte: 1,3 Milliarden Euro sind bei Siemens in „Schwarze Kassen" geflossen. Der einstige Vorzeigekonzern verfügte über ein ausgeklügeltes Schmiergeldsystem, um im Ausland Aufträge zu akquirieren. Siemens-Manager fuhren mit Koffern voller Bargeld ins Ausland oder schleusten Millionenbeträge über Tarnfirmen und Scheinkonten um die ganze Welt.

Das Geld aus den „Schwarzen Kassen" hat Siemens auch im eigenen Konzern eingesetzt. 50 Millionen Euro sollen an die Betriebsräteorganisation AUB geflossen sein. Mit der heimlichen Finanzierung wollte das Unternehmen ein arbeitgeberfreundliches Gegengewicht zur IG Metall schaffen. Um unbequeme Gewerkschafter unter Druck zu setzten, nutzte Siemens auch andere Methoden: man ließ im Jahr 2003 die beiden führenden Betriebsräte der Telefon-Sparte überwachen.

Um die Korruptionsaffäre aufzuklären, durchkämmen derzeit hunderte Siemens-Anwälte die Geschäfte des Konzerns. Die internen Ermittler kosten eine Million Dollar pro Tag und kommen aus New York. Denn in den USA droht Siemens die größte Gefahr, sagt Peter Eigen, Gründer der Anti-Korruptionsorganisation Transparency International. Die US-Börsenaufsicht SEC (Securities and Exchange Commission) könne Siemens auf eine Schwarze Liste setzten und so von öffentlichen Aufträgen ausschließen. Das wäre verheerend für den Konzern, der einen Großteil seiner Geschäfte in den USA macht. Dann stünden auch Arbeitsplätze in Deutschland auf dem Spiel. Der amerikanische Korruptionsexperte Michael Hershman fürchtet, dass Siemens zudem Milliardenstrafen zahlen muss. Im schlimmsten Falle drohe dem Traditionskonzern dann die Zerschlagung.

Noch Ende der 90er Jahre hatte v. Pierer darauf gedrungen, sich bei Transparency zu engagieren, was dem Unternehmen viel Anerkennung und Respekt einbrachte. Jetzt droht die Organisation mit dem Ausschluss ihres Mitgliedes, bereits seit Mitte 2004 ruht die Mitgliedschaft wegen eines Korruptionsfalles in Italien. Transparency wurde von dem Schmiergeldskandal bei Siemens überrascht und klagte über mangelnde Informationen seitens des Unternehmens. Sollte Siemens nicht die geforderten Informationen liefern, könnte dies das Ende der Mitgliedschaft bedeuten, denn, „das Schlimmste, was uns passieren kann ist, dass ein Unternehmen bei uns Mitglied wird und trotzdem aktiv Korruption betreibt". Unsere Partner sollen Leuchttürme der

Korruptionsbekämpfung sein, so der Transparency-Vorstand Peter von Blomberg.

Seit dem Jahr 2006 wird die Siemens AG von einer neuen Korruptionsaffäre erschüttert, am 15. November wurden die Büroräume im Münchner Hauptsitz durchsucht, nur knapp einen Monat später wurde am 12. Dezember der vormalige Chef der Kommunikationssparte und ehemalige Zentralvorstand Ganswindt verhaftet. Am 19. April 2007 erklärte der Chef des Aufsichtsrates und Ex-Vorstandsvorsitzende v. Pierer seinen Rücktritt, nur zwei Tage später folgte ihm Vorstandschef Kleinfeld. Im Mai wurde diese Position mit dem ehemaligen Pharma-Manager Peter Löscher neu besetzt, der auch schon beim Siemens-Konkurrenten General Electric tätig war.

Die Siemens-Führung unter dem neuen Vorstandschef Peter Löscher versucht, die Firma nun aus dem Korruptionssumpf zu führen, auch durch radikale Anti-Korruptionsmaßnahmen und Schadenersatzforderungen an frühere Top-Manager wie Heinrich von Pierer. Doch wie nachhaltig sind diese Bemühungen der neuen Führung? Der Fall Siemens hat Auswirkungen auf die gesamte deutsche Wirtschaft. Können Unternehmen, die ohne Bestechung arbeiten, in korrupten Regionen der Welt überhaupt noch Geschäfte machen?

Auf die Frage, warum sollte ein Unternehmen oder die Wirtschaft als Ganzes überhaupt moralisch handeln, gab schon der damalige Vorstandsvorsitzende von Pierer eine eindeutige Antwort: „Moral predigen ist leicht […], ein Unternehmen sollte ganz einfach deshalb moralisch handeln, weil sich unmoralisches Handeln nicht lohnt! Oder […], wer die Moral vernachlässigt, der schadet in der Konsequenz auch der Profitabilität […] wenn nicht schnell verdientes

Geld, sondern dauerhafter wirtschaftlicher Erfolg und die dauerhafte Existenz des Unternehmens angestrebt werden. Denn Täuschung, Betrug und Korruption lassen sich auf Dauer nicht verbergen. Und wenn solche unrechtmäßigen Verhaltensweisen aufkommen, dann schadet das –unabhängig vom Strafmaß – der Reputation. [...] bereits dieser einfache Zusammenhang zeigt, dass Moral und Profit nicht im Widerspruch zueinander stehen" (v. Pierer, 11f.).

Pierer kam im Jahr 1969 zu Siemens und war von Oktober 1992 bis Januar 2005 Vorstandsvorsitzender, argumentierte oft mit ethischer und moralischer Verantwortung, um eine Vorbildfunktion anzumahnen. Das Unternehmen hielt es dann aber nicht für notwendig, die deutschen Behörden einzuschalten, als v. Pierer Anfang 2005 durchblicken ließ, dass der Konzern in Sachen Corporate Governance und Korruptionsbekämpfung Probleme habe und Mitarbeiter sich nicht gemäß den internationalen Vorschriften verhalten hätten.

Die Vorbildfunktion und vor allem die Glaubwürdigkeit des Topmanagers gerieten ins Zwielicht. Nur fachliche Qualifikation, nach denen die meisten Betriebe ihre Führungskräfte rekrutieren, scheint nicht mehr zu reichen. Der Ethikverband der Deutschen Wirtschaft empfiehlt deshalb, auch die soziale und ethische Qualifikation zu berücksichtigen. Wenn auch der Siemens AG das Fehlen ethischer Kodizes nicht anzulasten ist, so steht doch fest, dass die ethischen Normen bis in die Vorstandsetage nicht gelebt wurden.

2. Anmerkungen zum Konzern-Ausgangslage in der Siemens AG

Die Siemens AG ist ein führendes, wohletabliertes und historisch weit zurückreichendes deutsches Unternehmen der Elektrobranche. Sie beschäftigt weltweit mehr als 400 Tausend Mitarbeiter, dabei hat sich die Belegschaft immer stärker internationalisiert. Im Jahr 2003 standen bereits etwa 170 Tausend deutschen Beschäftigten 247 Tausend ausländische Arbeitnehmer gegenüber. Die Beschäftigungsbilanz des Konzerns in Deutschland ist negativ (Dörre 2001a, 93). Was die Ausbildung der Arbeitnehmer betrifft, konnten 35 % einen Hochschulabschluss vorweisen, wovon wiederum 78 % einen technischen bzw. einen naturwissenschaftlichen Hintergrund haben. Im Management arbeiteten im vergangenen Geschäftsjahr 64 Tausend Mitarbeiter, davon 6.500 Personen im Senior Management. Dieser Personenkreis hat innerhalb eines definierten Rahmens die Befugnis, Entscheidungen mit erheblichen Auswirkungen auf das Unternehmen direkt und ohne Absprache zu treffen. Ein Senior Manager trifft Entscheidungen bezüglich der Mitarbeiterführung (Corporate Citizenship Report 2001, 38). Das Unternehmen gliederte sich bis zum Umbau im Oktober 2007 in 13 Unternehmensbereiche, ICN (Information Communication Networks) ist einer davon, der beim Auftragseingang im Zeitraum 1.10. 2002-30.9. 2003 mit einem Volumen von 7,07 Milliarden Euro an sechster Stelle aller Bereiche lag (Siemens Welt 11-12/ 2003, S.11). Im Unternehmensbereich ICN hatte die Bereichsleitung im Sommer des Jahres 2002 den Abbau von 2300 Arbeitsplätzen am Hauptstandort München angekündigt. Daraufhin gab es zahlreiche Verhandlungsrunden zwischen Konzernvorstand und Betriebsrat, die von Demonstrationen vor der Münchener Konzernzentrale begleitet wurden.

Der Siemens-Vorstand bezeichnete das Verhalten der IG-Metall als „kontraproduktiv" und appellierte an die Mitarbeiter, sich nicht dem Kurs der Gewerkschaften anzuschließen (Tagesspiegel v. 23.10. 2002, 19). Zu den langfristigen Aufgaben der Personalpolitik der Firma Siemens gehörte bislang die Sicherung eines hochqualifizierten technischen und kaufmännischen Führungsnachwuchses. Die Entwicklung einer eigenständigen Politik für den Führungskreis hat im Unternehmen eine lange Tradition. Die Unternehmenskultur wurde durch Ingenieursarbeit und fachliche Exzellenz geprägt (Dörre 2001 b, 691).

Die wichtigsten Vertragsbedingungen wie Rangstufen, Gehalt, Erfolgsbeteiligung, Urlaub und Altersversorgung wurden für den Übertariflichen Kreis einheitlich konzipiert, um die Verbindung zum Unternehmen zum Ausdruck zu bringen und ihre Identifikation mit dem Unternehmen zu stärken (Feldenkirchen 1997, 365). Es besteht immer noch die normative Orientierung einer quasi-lebenslangen Beschäftigung im Unternehmen. Dies bedingt im Falle eines für zwingend erforderlich gehaltenen Personalabbaus den Ausschluss der betriebsbedingten Kündigung und die sozialverträgliche Handhabung des Personalabbaus. Ausdruck dieser Orientierung sind eine langfristig angelegte Personalpolitik, die sowohl dem Aufbau des internationalen Geschäfts als auch der rechtzeitigen Aufgabe von Produktionsstandorten Rechnung trägt (Naschold 1996, 175).

Die Verteilung des Gewinns sorgte, nicht nur über den Lohn, sondern auch über eine unternehmensspezifische Sozialpolitik, für die Integration der Stammbelegschaften. Der Übergang zu unternehmenswertbasierten Steuerungsformen und Eigentumsverhältnissen hat bei Siemens zu einem Verhaltenswandel geführt. Sobald ein Unternehmensteil seine Sonderstellung am Markt verliert, sobald Kostenargumente eine Rolle spielen, Gewinnerwartungen höher eingestuft werden oder Veränderungen der Eigentumsverhältnisse Unsicherheit auslösen, sind partizipative Arbeitskulturen von Zerfall bedroht (Dörre 2001 b, 365).

Besonders in dem Bereich ICN, der von Gewinneinbrüchen am stärksten betroffen ist, griffen die neuen Steuerungsformen. Dies geschah durch

- Druck zum Abbau von Personal in der Entwicklung und der Unternehmenszentrale
- Ausschöpfen der Instrumente der Ressourcen sozialverträglicher Frühverrentungen
- Beginn mit betriebsbedingten Kündigungen und der Einsatz dieses Instruments als Druckmittel bei der Gestaltung von Abfindungsverträgen (Naschold 1996, 176).

Die Einsparungen für das Geschäftsjahr 2002 (1.10.2001-30.9. 2002) betrugen 2 Milliarden Euro, im folgenden Geschäftsjahr wurden nochmal 1,5 Milliarden weltweit in diesem Bereich eingespart (Siemens Welt 2-3/ 2004, 47).

Im Folgenden soll gezeigt werden, wie sich Unternehmenskultur im Bereich der Personalplanung bei der Firma Siemens verändert hat. Über den Generationswandel vollzieht sich auch bei der Managerrekrutierung ein Bruch. Der kompromissfähige Managertyp stirbt aus und wird durch den Profitmanager abgelöst. In einer Phase des

Verdrängungswettbewerbs sind Renditen und verfügbares Kapital zur herausragenden Orientierungsgröße geworden. Zur Konkurrenz um Marktanteile, Managementkonzepte und qualifizierte Arbeitskräfte kommt der Kampf um die Finanzierung der Expansion des Unternehmens. Deshalb ist die Steigerung des Unternehmenswertes ein wichtiges Steuerungselement, das aber für Traditionskonzerne gleichzeitig eine Art Kulturbruch bedeutet (Dörre 2001b, 690 f.).

Kronauer beschreibt das Ziel der Unternehmen folgendermaßen. Im Zuge der beschleunigten Produktinnovation sollen bei nur mäßigem Wirtschaftswachstum Wettbewerbsvorteile erzielt werden. Dabei setzt das Management auf erhöhten Leistungsdruck, eine Reduzierung der Kernaufgaben und der Kernbelegschaften. Durch Drohpotentiale der Globalisierung hat das Unternehmerlager neue Möglichkeiten der Rationalisierung (Kronauer 2002, 104 ff.).

2.1. Umbrüche im Unternehmen und wirtschaftliche Lage

Noch vor wenigen Jahren waren die meisten Mitarbeiter stolz, wenn sie das 25-jährige oder das 40-jährige Firmenjubiläum erreicht hatten, und schon beim Firmeneintritt setzten viele Mitarbeiter der Firma Siemens nur eine Familientradition fort, denn schon Generationen vor ihnen hatten in diesem Unternehmen ihren Lebensunterhalt verdient. Die Unternehmensseite hob immer hervor, sich auf einen „Stamm" verlassen zu können.

Das Wechselverhältnis von finanzgetriebener Unternehmenssteuerung und Produktionskonzepten hat zu starken

Umbrüchen im Siemens-Konzern geführt. Wurde noch vor wenigen Jahren fast alles produziert, was sich mit Elektrotechnik verbinden ließ, sind inzwischen Geschäftsbereiche, Werke, Profitcenter oder auch Segmente, die ihren Geschäftswertbeitrag nicht erwirtschaften konnten, von Personalreduzierungen, Ausgründungen, Verkäufen und im Extremfall von Schließungen betroffen.

Die Unternehmenskultur wurde in der Vergangenheit durch Ingenieursarbeit geprägt. Investitionen und Akkumulationsverhalten waren an der „langen Frist" orientiert, das Streben nach schnellem Profit galt als anstößig. Quersubventionierungen der Geschäftsfelder waren üblich, was die internen Arbeitsmärkte stabilisierte. Es entstanden klar strukturierte Aufstiegswege und Berufskarrieren, und die Verteilung des Gewinns sorgte über eine unternehmensspezifische Sozialpolitik für die Integration der Stammbelegschaften (Dörre 2001b, 691). Der Familialismus, den die offizielle Firmenideologie propagierte, fand sich in der Geschäftspolitik des Unternehmens bestätigt. Der Wechsel zur unternehmenswertbasierten Steuerung hat auf der Vorstandsebene zu einem Umdenken geführt. Der Vorstandsvorsitzende hatte sich zunächst als entschiedener Gegner des Shareholder value ausgezeichnet. Mittelfristig strebt der Konzern nun in mindestens 80 % der Geschäftsfelder nach „Weltklasse", was bedeutet, die erste oder zweite Position am Markt zu besetzen (ebd., 681).

Seit April 2001 hat Siemens den Abbau von 35 Tausend Stellen weltweit angekündigt. Funktionierte in der Vergangenheit die Zusammenarbeit zwischen dem Gesamtbetriebsrat der Siemens AG und dem Unternehmensvorstand eher lautlos, kam es im Januar 2003 zu schweren Vorwürfen und lauten Protesten. Bei den aktuellen Kündigungen sollen Sozialkriterien missachtet worden sein, und der Betriebsrat forderte den Vorstand auf, „[...]die für die Zerstörung der Unternehmenskultur verantwortlichen Personen zu entlassen" (Tagesspiegel v. 10.1. 2003).

Im wirtschaftlich schwierigen Umfeld wächst bei Siemens ein neues Bewusstsein, das Vertrauen der Aktionäre nur halten zu können, wenn auch das „Working Capital" gesenkt wird. In der „Siemens Welt" (2/ 2002) wird auf dieses „Betriebliche Umlaufvermögen" Bezug genommen und darauf hingewiesen, dass sich in den letzten Jahren eine neue Denkweise entwickelt habe, um Geschäftserfolg zu bewerten. Zählte früher vor allem der Gewinn als Messgröße, geht es heute immer mehr um „Return on Investment". Wird mit immer weniger Kapitaleinsatz viel erwirtschaftet, ist der Gewinn umso größer. Auf diese Weise lässt sich Shareholder value schaffen, das Unterpfand für das Vertrauen der Anleger, die für ihre Investition Geld sehen wollen.

Doch Analysten und Fondsmanager geben sich nicht mehr damit zufrieden, dass der Gewinn stimmt, sie schauen auch danach, wie er zustande kommt. Die Prozesse werden beobachtet, mit denen Produkte und schließlich Mehrwert geschaffen werden. Durch die Globalisierung wurden die einstmals geschützten Märkte verletzbar, andere Global Player nutzten die Chance weitgehender Rationalisierung. Das bedeutet aber im direkten Wettbewerb, das Geld besser einzusetzen als die Konkurrenz.

Der Vorstandsvorsitzende von Pierer musste alle drei Monate gegenüber den Analysten rechtfertigen, warum bestimmte Geschäftsfelder immer noch rote Zahlen schreiben. Nachdem der Gewinn im Geschäftsjahr 2001/02 auf 2,6

Milliarden Euro sank gegenüber dem Rekordjahr 2000 mit 8,9 Milliarden Gewinn, wollte die Geschäftsleitung mit Personalanpassung durchgreifen. Anders als in früheren Jahren wird nicht mehr geduldet, dass gewinnbringende Unternehmensbereiche Verluste von Not leidenden Bereichen ausgleichen. Aus diesem Grund sind bei ICN weltweit 11.000 von 54.300 Jobs weggefallen (Tagesspiegel v. 23.10. 2002, 19). Das Geschäft mit der traditionellen Telefontechnik (Sprachübertragung, Datenübermittlung für schnelle Internet-Zugänge) leidet schon längere Zeit unter dem Einbruch des Telekommunikationsmarktes.

Nachdem Siemens die Sparte ICN radikal umgebaut und Entwicklung, Produktion, Vertrieb und Administration seiner drei Geschäftsfelder gebündelt hatte, war die Sanierung weitgehend abgeschlossen. Im gesamten Geschäftsjahr (Oktober 2001-September 2002) betrug der Verlust allein in diesem Unternehmensbereich 691 Millionen Euro (Siemens Geschäftsbericht 2002). Im Geschäftsjahr 2003 reduzierte sich der Verlust auf 366 Millionen Euro und im letzten Quartal (1.7.2003-30.9.2003) schrieb der Bereich erstmals wieder schwarze Zahlen. Der Gewinn betrug 57 Millionen Euro.

Trotz der negativen Bilanz von ICN erwirtschaftete das Unternehmen einen Jahresüberschuss von 2,6 Milliarden Euro Gewinn im Geschäftsjahr 2002, das zweitbeste Ergebnis in der Firmengeschichte. Dieses Ergebnis wurde auch für das Jahr 2003 etwa erreicht (2,44 Milliarden Euro Gewinn). Auch deshalb war es für die Mitarbeiter nur schwer verständlich, dass die Belohnung für dieses Ergebnis die angekündigten bzw. vollzogenen Entlassungen sein sollten. Im Rahmen von „Corporate Citizenship", dem bürgerschaftlichen Engagement des Unternehmens, legte das Unternehmen Siemens immer wieder großen Wert, seine Verantwortung für die Gesellschaft hervorzuheben. Der neue Kurs bedeutete aber eine Aufgabe der traditionellen Sozialpolitik zuungunsten der eigenen Mitarbeiter und ihrer Familien.

Zum 1. Oktober 2004 wurden die Siemens Bereiche ICM und ICN zum neuen Bereich Communications (Com) zusammengefasst. Daraus entstand der größte Einzelbereich der Siemens AG. Zum 3. März 2005 übernahm die a&o Gruppe aus Neuss die SBS-Tochter Sinitec. Dieser Verkauf wurde als Beginn einer Umstrukturierung innerhalb des Siemens-Konzerns angesehen und als richtungsweisend bezeichnet. Im Juli 2007 musste die a&o iTec (seinerzeit Sinitec) Insolvenz anmelden, wodurch am 1. Oktober 2007 der Geschäftsbetrieb endgültig eingestellt wurde.

2.2. Veränderungen in der Personalpolitik

Im Jahr 1990 wurde bei Siemens das „top-Programm" initiiert (time optimized process), mit dem die Herausforderungen der Zukunft erfolgreich gemeistert werden sollten. Die verstärkte Einbeziehung der Mitarbeiter in den gesamten Prozessablauf erforderte auf der anderen Seite teambezogenes Führungsverhalten zur Förderung von Eigeninitiative und Eigenverantwortung. In einer Fallstudie über Kontinuität und Wandel eines Konzerns sagt Naschold, zur Sicherung der Nachhaltigkeit von Wachstum und Beschäftigung muss ein weitreichender Kulturwandel bei der Siemens AG erreicht werden (Naschold 1997, 180 ff.).

Vier Instrumente wurden zum Personalabbau eingesetzt: natürliche Fluktuation, Frühverrentung und Auflösungsverträge mit Abfindungen. Zusätzlich wurden Fabriken verkauft zum Abbau von Fertigungskapazitäten. Die Rahmenbedingungen des Marktes wie des Unternehmens haben sich verschlechtert, und manche Instrumente erschöpfen sich in ihrer Wirkung. Naschold prophezeit der Personalentwicklung im Kontext der „top-Bewegung" wie auch bei der Globalisierungsstrategie eine schwierige Entwicklung (Naschold 1996, 175).

Die Siemens AG geriet durch mehrfache Herausforderungen wie technologische Umbrüche, Globalisierung und Deregulierung der Märkte und sich verändernde Kundenerwartungen unter massiven Veränderungsdruck. Die wichtigsten Konkurrenten General Electric und die Asea Brown Bovery (ABB) hatten bis Mitte der neunziger Jahre einen fünf- bis zehnjährigen Vorlauf massiver Umstrukturierungen in allen Wettbewerbsdimensionen von Kosten, Zeit, Qualität und Innovation gewonnen (Jürgens/ Naschold, 1994).

In den USA als dem technologischen Führungsmarkt drohte der Siemens AG der Verlust wichtiger Anteile. Im abgelaufenen Geschäftsjahr 2002/03 waren die USA mit einem Anteil von 25 % nach Europa 34 % und Deutschland 23 % bereits zweitstärkste Umsatzregion (Siemens Kurzbericht 2003, 10). Trotzdem blieb die Wettbewerbslage ungünstig, sie drückt sich in der strategischen Zielgröße des Unternehmensertrages aus, der im abgelaufenen Geschäftsjahr 2002/ 03 bei 2,3 % (2,6 Mrd. EUR) lag und von den angestrebten zweistelligen Ergebnissen weit entfernt war. Damit wurden unter anderem auch die Einschnitte wie Personalabbau erklärt.

Das Geschäftsergebnis eines Unternehmens lässt sich auf verschiedene Art beeinflussen. So gelten bei Siemens Umsatzsteigerungen, Funktionskostensenkungen und Kapitalkostenreduzierungen als geeignete Instrumente zur Steigerung des Geschäftswertbeitrags. Daraus ergeben sich Handlungsspielräume für das betriebliche Management. Am Druck zur kurzfristigen Steigerung der Gewinnmargen ändert das nichts. Damit erhalten die Personalkosten, da sie relativ einfach zu beeinflussen sind, den Rang eines strategischen Wettbewerbsfaktors (Dörre 2001b, 688).

Die Belegschaft in Deutschland verringerte sich weiter und stagniert bei 130 Tausend Mitarbeitern, der Umsatz lag im Geschäftsjahr 2005/ 2006 bei 87 Milliarden Euro, während der Gewinn nach Steuern auf über 3 Milliarden Euro stieg. Zwölf Jahre lag die Führung des Unternehmens beim Vorstandschef Heinrich von Pierer. Von Oktober 1992 bis Januar 2005 war er unangefochten Chef der Siemens AG, stellte sich während dieser Zeit erfolgreich den Umwälzungen der Weltwirtschaft und dem Rationalisierungsdruck in Deutschland.

Mitte der 90er Jahre war es von Pierer, der sich vehement gegen den Verkauf oder die Aufgabe der Medizintechnik einsetzte, als Bankmanager dies forderten. Auf der Hauptversammlung ertrug er deren Angriffe, weil er nicht einsah, kurzfristig Renditeerwartungen zu erfüllen. Bei seinen Entscheidungen hatte man stets den Eindruck, Aktionäre, Mitarbeiter und Standorte möglichst zu berücksichtigen. Jetzt wurde Kritik aus der Corporate-Governance-Kommission laut, die bemängelte im Jahr 2006, dass 200 Millionen Euro für schwarze Kassen nicht im Präsidialausschuss oder im Prüfungsausschuss des Aufsichtsrates beanstandet wurden. Inzwischen hat der Konzern zweifelhafte Zahlungen von über 420 Millionen Euro aufgespürt.

Wo bleibt die Balance zwischen Unternehmensführung und Aufsichtsgremien, fragten sich viele, und der Vorsitzende der Schutzgemeinschaft der Kapitalanleger forderte den Rücktritt von Pierers als Aufsichtsratschef, sollte er von den schwarzen Kassen gewusst haben. Schon bis zu diesem Zeitpunkt gab es bei Siemens eine Compliance-Abteilung, die für die Einhaltung der Verhaltensregeln zuständig war. Weltweit waren einige hundert Mitarbeiter in diesen Abteilungen beschäftigt, deren Chef Albrecht Schäfer war. Dieser berichtete wiederum an Jürgen Radomski, der im Zentralvorstand für den Bereich Personal zuständig zeichnete.

Ein Unternehmen von der Größe wie Siemens kann sich kaum gegen die kriminelle Energie Einzelner schützen, trotzdem haben bei Siemens wohl die internen Kontrollen versagt. Die Einführung und Überwachung dieser Kontrollen ist auch Aufgabe des Vorstandchefs. Dass von Pierer von den Unregelmäßigkeiten in seinem Konzern gewusst hat, kann als Außenstehender niemand behaupten. Doch auch ohne Wissen von Schmiergeldzahlungen trägt von Pierer Verantwortung, und viele, die den Konzern kennen, glauben nicht daran, dass über Jahre Manager Millionenbeträge in dubiose Kanäle verschwinden lassen konnten, ohne sich von ihren Vorgesetzten Rückendeckung zu holen. Sollten aber Vorgesetzte solches Verhalten geduldet haben, oder sollte sich fehlendes Unrechtsbewusstsein im Unternehmen herausstellen, dann ist auch die Unternehmenskultur in Frage zu stellen. Dafür wiederum wäre der Konzernchef zuständig.

In einer Pflichtmitteilung teilte die Siemens AG im Dezember 2006 mit, dass der Bilanzgewinn für das abgelaufene Geschäftsjahr in Folge der Korruptionsaffäre um ca. 100 Millionen Euro auf 3,033 Milliarden gesenkt werden müsse. Der Konzern rechnete nun mit Aufwendungen von 168 Millionen Euro für Ertragssteuern über einen Zeitraum von sieben Jahren. Für die Aufarbeitung der Affäre holte sich der Prüfungsausschuss des Aufsichtsrates eine international tätige Anwaltskanzlei ins Haus, um im Unternehmen eigene Untersuchungen anzustellen. „Siemens duldet absolut kein ungesetzliches oder regelwidriges Verhalten von Mitarbeitern. Hier gibt es keinerlei Toleranz", kommentierte Vorstandschef Kleinfeld die Vorgänge (Tagesspiegel v. 12.12. 2006).

3. Warum good governance und immer wieder Siemens?

Die Frage „warum sollte ein Unternehmen oder die Wirtschaft moralisch handeln" stellte der damalige Vorstandsvorsitzende der Siemens AG v. Pierer in seinem Buchbeitrag „Zwischen Profit und Moral" und gab dazu mehrere Hinweise. Seit Jahren gebe es eine Renaissance der Wertediskussion, Werte gäben Halt, bei Siemens fühle man sich in langer Tradition mit dieser Sichtweise bestätigt. Werte seien ein Stabilitätsfaktor bei Siemens. Moralische Leitlinien beziehungsweise ein Ethik-Kodex, wie ihn Siemens in den „Business Conduct Guidelines" festgeschrieben habe, prägten den Charakter eines Unternehmens, gäben den Führungskräften und allen Mitarbeitern Handlungsorientierung und sicherten ein weltweit einheitliches seriöses Erscheinungsbild. Ethische Leitlinien, die den handelnden Personen weltweit verbindlich vorgegeben würden, sorgten für einen guten Ruf und trügen damit indirekt dazu bei, den Unternehmenswert zu steigern.

„Wir haben uns hohen moralischen Standards verpflichtet und arbeiten daran, den Alltag der Menschen überall auf der Welt zu erleichtern", so von Pierer in der „Siemens-Welt" 2/ 2003.

Für Siemens-Mitarbeiter untereinander und im Umgang mit Geschäftspartnern gelten die „Business Conduct Guidelines", deren Einhaltung zur Festigung des Vertrauens in unser Unternehmen beiträgt. „Mit unseren Grundsätzen ist es uns ernst. Wir sind daher der „Transparency International" beigetreten, einer Organisation, die sich weltweite Bekämpfung der Korruption zum Ziel gesetzt hat", betonte der Aufsichtsratsvorsitzende Karl-Hermann Baumann an gleicher Stelle.

Siemens-Finanzvorstand Heinz-Joachim Neubürger ergänzte hierzu, nach den Bilanzskandalen bei Enron und Worldcom sei die Wiederherstellung von Vertrauen das Gebot der Stunde. Siemens habe sich nie an den Auswüchsen der „New Economy" beteiligt, sondern immer auf Substanz gesetzt. Nachhaltiger Erfolg war stets die Maxime des Handelns, dazu gehörten konservative Bilanzierung, Integrität, solides Finanzmanagement und eine umfassende Berichterstattung. Die Regeln für verantwortungsvolles Handeln, wie sie in Deutschland durch den neuen „Corporate Governance Codex" festgelegt wurden, begrüße man und in den USA seien ganz besonders die Vorschriften der Securities and Exchange Commission" (SEC) sowie das im Jahr 2002 verabschiedete Sarbanes-Oxley-Gesetz von Bedeutung. Dieses betreffe die Steuerungs-, Kontroll- und Berichtsstrukturen der Unternehmen. Diese Regelungen sollten ein Schritt dazu sein, bei Aktionären und in der Öffentlichkeit verloren gegangenes Vertrauen wieder zu gewinnen.

Führungsqualität sei ein entscheidender Baustein für Geschäftserfolg, deshalb führte Siemens im Jahr 2003 den „Siemens Leadership Framework" ein. Darin sind weltweit verbindlich die Kriterien festgelegt, nach denen eine erfolgreiche Führungskraft beurteilt wird: Finanzen, Mitarbeiter, Kunden und Prozesse. Wer für sich Langfristigkeit und Internationalität beanspruche wie Siemens, der müsse zugleich bestrebt sein, negative Folgen des eigenen Handelns zu minimieren oder besser auszuschließen.

Wie ist es also mit einem Unternehmen bestellt, das Teil der

Gesellschaft sein will, im Rahmen von „Corporate Citizen" gesellschaftliche Verpflichtung übernimmt und trotzdem am Pranger steht, weil es heimlich gegen Rechtsnormen oder soziale Normen verstoßen hat? Unterschiedliche Einschätzung dieser Normen und Werte, Gewohnheiten und politische Kulturen erschweren den internationalen Vergleich. Was hier mit Strafe bedroht ist, kann anderswo erlaubt sein. Was dort von einer Mehrheit der Bevölkerung als Missbrauch eines öffentlichen Amtes oder Mandates eingestuft wird, mag anderswo üblich sein und gar nicht als Korruption wahrgenommen werden.

Warum gerät Siemens immer wieder in die Schlagzeilen wegen gezahlter Schmiergelder, die Firma hat eine lange Korruptionsgeschichte, auf die an anderer Stelle eingegangen werden soll. Kaum ein anderes Unternehmen ist so dominant und aufgrund seiner langen Vormachtstellung bei öffentlichen Auftraggebern, wie Bahn oder Post, hat der Konzern sich offenbar daran gewöhnt, besondere Ansprüche zu stellen und hindernde Regeln zu ignorieren, um große Projekte in Entwicklungsländern oder bei Ausschreibungen zu Olympischen Spielen, Welt- und Europameisterschaften zu realisieren.

Wie eingangs erwähnt, hatte der frühere Vorstand Ende der 90er Jahre Besserung gelobt, die Führung setzte sich einsichtig mit den Korruptionsvorwürfen auseinander. Nach dem jetzigen Debakel lässt sich nur vermuten, dass die offizielle Version des Unternehmens zur Aufklärung darauf verweisen wird, man habe eine so hohe Dezentralisierung und arbeite in so vielen Ländern in verschiedenen Sparten, dass die Kontrolle verloren gegangen sei. Angeführt wird immer wieder das Argument, dass Korruption bis Ende der

90er Jahre im Ausland legal und in Deutschland als „nützliche Abgabe" sogar steuerabzugsfähig gewesen sei.

Recht und Gesetz müssten im jeweiligen Land respektiert werden, ein fairer Wettbewerb setze die Einhaltung des Wettbewerbs- und Kartellrechts voraus. Dies gelte auch für das absolute Verbot jeder Form der Korruption. Werde gegen dieses Postulat verstoßen, müsse das Unternehmen zu einer lückenlosen Aufklärung beitragen und gegen die betreffenden Personen selbst disziplinarisch vorgehen (Pierer, 19).

Interessant wird in diesem Zusammenhang sein und ganz besonders auf die Unternehmenskultur bezogen, was an dem Vorwurf wahr ist, dass der Betriebsrat systematisch bestochen worden sei. Sollte sich bestätigen, dass die Firma einen unternehmerfreundlichen Betriebsrat dadurch erreichen wollte, dass einzelne Betriebsräte mit einer Beförderung korrumpiert worden sind, wäre das für die Unternehmenskultur und die Glaubwürdigkeit des Unternehmens äußerst schädlich, das Vertrauen der Mitarbeiter missbraucht. Muss nicht nach dem heutigen Stand der Ermittlungen in der AUB-Affäre der Verdacht aufkommen, dass die Angriffe des Siemens-Vorstands gegen die IG-Metall nur deshalb so heftig ausfielen, weil man von Konzernseite auf eine arbeitgeberfreundliche Gewerkschaft (AUB) verweisen konnte? Immer wieder fiel Siemens in der Vergangenheit mit Schmiergeldzahlungen auf, der Imageschaden ist immens. Konsequent erscheint deshalb die Reaktion des im Herbst 2007 neu etablierten Vorstands, die Vergangenheit der Siemens-Geschäfte in allen Bereichen zu durchleuchten. Deshalb ist auch anzunehmen, dass weitere Fälle ans Licht kommen werden, umso glaubwürdiger stünde das Unter-

nehmen aber in der Öffentlichkeit, erschreckend wäre dagegen, wenn weiterhin korrupt gehandelt würde.

3.1. Schmiergeldzahlungen in der Vergangenheit

Zunächst soll ein kurzer Rückblick einzelner Stationen der
Siemens-Korruptionsaffäre gegeben werden. Bereits in den
80er Jahren war der Züricher Wirtschaftsanwalt Ulrich Kohli
ein Garant für diskrete Geldgeschäfte der Siemens AG. Die
deutschen Manager, mit denen er zu tun hatte, betrachtete
er als Geldkuriere. Immer wenn sie ihn aufsuchten orderte
Kohli über die Schweizerische Bankgesellschaft, die spätere
UBS, das Geld. Die Beträge wurden einem Nummernkonto
belastet, das auf Kohlis Namen geführt wurde, der tatsäch-
liche Inhaber war aber die Siemens AG in München.
Die Manager erhielten das Geld vom Anwalt, der nach ei-
gener Aussage nicht wusste, was damit passiert. Oft waren
es wohl Bestechungsgelder, die als „nützliche Ausgaben"
ordentlich verbucht wurden und als Betriebsausgaben ab-
gesetzt wurden. Bis zum Jahr 1999 war es in Deutschland
erlaubt, Politiker und Beamte im Ausland zu bestechen. Da
sich aber die Geldempfänger in ihrer Heimat strafbar gemacht hätten, mussten die Zahlungen verschleiert werden.
Die Besuche der Manager häuften sich in diesem Zeitraum,
dabei wechselten auch die Unternehmensbereiche. Zehn
Jahre lang transferierte der Anwalt über das UBS-Konto für
die Siemens-Kuriere bis zu 80 Millionen Mark im Jahr.
Seit 1996 wurden immer wieder Siemens-Geldkuriere er-
tappt und weitere zehn Jahre später, im November 2006,
erreichten Presseberichte und spektakuläre Enthüllungen

über Korruption die Öffentlichkeit. Die Münchener Staatsanwaltschaft verhaftete mehrere Siemens-Manager, darunter
auch Reinhard Siekaczek, der bis zum Jahr 2004 Mitarbeiter
der Kommunikationssparte war. In seinem Prozess 2008 bela-
stete er ehemalige und aktive Führungskräfte schwer, er habe
dieses System mit Wissen seiner Vorgesetzten aufgebaut. Der
mittlerweile verurteilte Manager erklärte in seinem Prozess:
„Bei Siemens war es flächendeckend in fast allen Bereichen
üblich, Schmiergeld zu bezahlen". Das sei im Konzern bekannt
gewesen – auch im Vorstand. „Die Zentralvorstände kamen
fast alle aus dem eigenen Haus und waren während ihrer
Karriere mit dem Thema beschäftigt", äußerte Siekaczek.
Seine Aussagen und die seines Ex-Chefs Michael Kutschenreuter geben einen tiefen Einblick in den Verlauf der Korruptionsaffäre, die für den neuen Vorstandsvorsitzenden Peter
Löscher noch sehr kostspielig werden kann, da die Strafe
der amerikanischen Börsenaufsicht SEC noch aussteht und
zwischen zwei und vier Milliarden Euro liegen könnte.

Die unangenehmen Enthüllungen für Siemens begannen
mit den Ermittlungen der spanischen Staatsanwaltschaft im
Oktober 1996, die Bestechungsfälle beim Bau des Hochge-
schwindigkeitszuges AVE untersuchten. Es wurde ein Scheck
aus Zürich gefunden, bezogen auf Kohlis UBS-Konto. Die
deutsche Justiz wurde um Rechtshilfe gebeten, dies schei-
terte zunächst. Mehr Erfolg hatten die Spanier bei Unter-
suchungsrichtern aus Genf. Kohli musste Siemens als „wirt-
schaftlich Berechtigten" des Kontos nennen. Dabei wurde
festgestellt, dass die Kuriere von Siemens in fünf Jahren 600
Millionen Franken verschoben hatten. Kohli blieb unbeschol-
ten, sein Job war legal.

Im Januar 1997 wurde Michael Kutschenreuter Leiter des Geschäftsbereichs Mobile Networks und erlebte während dieser Zeit auch, dass Schmiergelder über Barabhebungen an der Hauptkasse des Konzerns ausgezahlt wurden. Im Februar 1999 trat das Gesetz gegen die Bestechung ausländischer Amtsträger in Kraft. Bargeschäfte über das zentrale Zahlungssystem wurden nun ausgeschlossen, den Konzerneinheiten war es aber weiter erlaubt, ihre Bartransaktionen abzuwickeln, so konnten Millionen aus deren Kassen entnommen werden.

Im November 2000 schloss Siemens France mit dem irakischen Energieministerium einen Vertrag über eine Turbinenlieferung ab. Das Schmiergeld wurde über das Konto eines Strohmannes bei der Housing Bank & Trade im jordanischen Amman gezahlt. Einen Monat später unterzeichnete ein Manager der Siemens-Tochter Osram drei Nebenverträge für Schmiergeldzahlungen in den Irak.

Der Börsengang in New York erfolgte im März 2001, von nun an musste nach amerikanischen Vorschriften bilanziert und die Vorschriften der SEC eingehalten werden. Ab jetzt galt amerikanisches Antikorruptionsstrafrecht, und gleichzeitig waren von nun an Aufsichtsräte und Vorstandsmitglieder für die Einhaltung der amerikanischen Bestechungsverbote verantwortlich. Sie konnten in den USA auch für Korruptions-Straftaten verantwortlich gemacht werden, die im Ausland begangen wurden.

Im Juli informierte ein Jurist aus der Compliance-Abteilung den Chef der Kommunikationssparte ICN Kutschenreuter über Schweizer Ermittlungen im Bereich Kommunikation.

Die Schweizer Bundesanwaltschaft hatte verdächtige Zahlungen von zwei ICN-Konten entdeckt, Reinhard Siekaczek erklärte seinem Chef, dass über die Konten dreistellige Millionenbeträge als Bestechungsgelder geflossen seien. Gleichzeitig tauchten Scheinrechnungen aus Dubai auf, die Siekaczek teilweise abzeichnete.

Im Dezember 2002 erhielt Siekaczek eine von Kutschenreuter und einem weiteren Bereichsvorstand unterschriebene Vollmacht für seinen Treuhänder. Er wurde ermächtigt, millionenschwere Beraterverträge abzuschließen und wies an, dass Schecks von einem Konto bei der Deutschen Bank für Nigeria bezogen wurden. Nachdem in Österreich ein Kontensystem ruchbar geworden war, traf man sich jetzt im Gasthaus in Forstenried, um ein neues Modell zu ersinnen. Daran beteiligt waren ein Revisor, ein Manager aus dem Rechnungswesen, ein Vertriebsmann, Kutschenreuter und sein Mitarbeiter Siekaczek. Dieser reiste in der Folgezeit nach Lugano zu dem Treuhänder Floriani, der neue Firmen einrichtete, um die Schmiergelder zu schleusen.

Im November 2003 unterrichtete ein Mitarbeiter aus der Rechtsabteilung nach einem Gespräch mit Siekaczek den Compliance-Chef Albert Schäfer über „Anhaltspunkte für den Verdacht der Amtsträger- bzw. Angestelltenbestechung im Ausland". Daraufhin informierte Siekaczek im Januar 2004 den ICN-Bereichsvorstand Thomas Ganswindt über problematische Zahlungen. Im November erstellten die Liechtensteiner Geldwäscheermittler eine Liste mit verdächtigen Zahlungen von Siemens-Kurieren. Die Staatsanwälte des Fürstentums ermittelten gegen zwei Manager wegen des Verdachts der Untreue, der Bestechung und der Geldwäsche. Siekaczek traf sich weiter mit dem Treuhänder Floriani, holte dort regelmäßig Gelder ab, um sie bei der UBS-Bank zu parken, bis sie von Siemens-Kurieren den Endempfängern überbracht wurden. Dabei vergaß Reinhard Siekaczek nicht, sicherheitshalber bei der UBS Dokumente über geleistete Kurierdienste zu sichern, die ihm später vielleicht doch mal nützlich sein könnten.

Ende des Jahres 2004 informierte Siekaczek den Vorstand Kutschenreuter über Schweizer Ermittlungen. Der Vorstand verhandelte fast gleichzeitig mit Siemens-Kollegen in Saudi-Arabien über die Forderungen eines „Beraters", der damit drohte, an die Öffentlichkeit zu gehen, weil die erhofften Provisionen in Höhe von 50 Millionen Dollar nicht eintrafen. Siemens bestreitet, dass ein „Schweigegeld" vereinbart wurde, dementiert aber nicht, dass der Konzernchef von Pierer über die Forderung mit einem Vermerk informiert wurde.

Im Januar 2005 verlangten Siemens-Anwälte in Vaduz die Ermittlungen gegen Siemens einzustellen, doch die Staatsanwälte führten ihre Untersuchungen fort, die Siemens in die größte Krise der Nachkriegszeit stürzen sollte. Jetzt wurde die Münchner Staatsanwaltschaft aktiv, und in einer Großrazzia am 15. November 2006 durchsuchten 200 Beamte in München 30 Büros und Wohnungen. Siekaczek wurde zum Kronzeugen der Ankläger, immer mehr erkannte man das Ausmaß der Verstöße. Siemens gestand, gegenüber der SEC verstoßen zu haben, was dazu führte, dass SEC-Chef Cox Ermittler einsetzte, und FBI und das US-Justizministerium mit ihren Untersuchungen begannen. Der Vorstandsvorsitzende Kleinfeld und Aufsichtsratchef von Pierer traten zurück und der neue Vorstandsvorsitzende Löscher erklärte im Juli 2007 „Compliance" zur dringlichsten Aufgabe.

Das wurde auch nötig, denn inzwischen interessierten sich auch das amerikanische Justizministerium und die amerikanische Börsenaufsicht, United States Securities and Exchange Commission (SEC) für das deutsche Unternehmen, das in den USA inzwischen ca. ein Drittel seines Umsatzes macht und 70 Tausend Menschen beschäftigt. Die SEC mit ihren 3100 Anwälten, Buchprüfern und Fahndern wurde in Deutschland aktiv und diente dem Aufsichtsrat der Siemens AG sogar als Begründung dafür, dass der Vertrag mit dem Vorstandschef Kleinfeld nicht verlängert wurde.

Der Grund für das aktiv werden der Washingtoner Aufsicht in München liegt darin begründet, dass Siemens im Jahr 2001 seine Aktien an der New Yorker Börse notieren ließ. Sie interessierten sich jetzt vor allem für verdächtige Transaktionen und deren Auswirkungen auf die Bilanzen der Firma, weniger für die Korruptionsvorwürfe. Das ist zu verstehen, wenn man bedenkt, dass Bestechungsgelder, die als Beratungshonorare ausgewiesen werden, die Bilanzen verfälschen und die Investoren täuscht.

Im März 2007 leitete die SEC eine formale Untersuchung gegen die Siemens AG ein, nachdem sie zuvor eine informelle Untersuchung wegen der Korruptionsvorwürfe geführt hatte. Daraus kann geschlossen werden, dass die Fahnder eine Spur verfolgen, sie haben jetzt das Recht, Dokumenteneinsicht von Banken und Telefongesellschaften zu fordern und Beteiligte vorzuladen. Die SEC selbst gibt zu den Untersuchungen keine Auskünfte.

Wie sehr sich inzwischen auch die Politik für die Schmiergeldaffäre interessiert, zeigt eine Meldung des Focus-Magazins vom 3.9. 2007, in der es heißt, Ermittler in den USA hätten politische Signale erhalten, die Siemens-

Korruptionsaffäre in vollem Umfang aufzuklären, schon wegen des Konkurrenzunternehmens General Electric aus den USA. Bayrische Regierungskreise hingegen drängten darauf, die Ermittlungen rasch abzuschließen, um den Münchner Weltkonzern nicht weiter zu schwächen. Die Focus-Meldung über Gespräche der US-Justiz in München führten binnen dreier Tage zu einem Börsenwertverlust von 4,7 Milliarden Euro.

Hilfe für ihre Ermittlungen erhielt die US-Börsenaufsicht von der Schweizer Justiz. Neben sechs Münchner Ermittlern traf sie sich auch mit Schweizer Bundesanwälten in Bern, um einige Rechtshilfeersuchen der amerikanischen Behörden in dem Verfahren vorzubereiten. Die Amerikaner legten Fragenkataloge vor, um herauszubekommen, ob zu einzelnen Managern konkrete Erkenntnisse vorlägen. Die internen Befragungen von Siemens-Mitarbeitern durch die Kanzlei Debevoise & Plimpton gelten dabei nicht zwangsläufig als Aussage für die US-Justiz (Focus Nr. 36, 2007).

Außer dieser Behörde interessierte sich jetzt auch das Washingtoner Justizministerium für die Siemens AG, es berief sich dabei auf ein Antikorruptionsgesetz aus dem Jahr 1977, dem Foreign Corrupt Practices Act (FCPA). Dieses Gesetz verbietet Unternehmen, für ihre internationalen Geschäfte Schmiergelder zu zahlen, die Korruptionsaffäre wird also auf mögliche Straftatbestände untersucht. Seit 1998 gilt das Gesetz auch für ausländische Unternehmen, die in den USA ihr Geld verdienen und an einer amerikanischen Börse notiert sind. Weil amerikanische Wirtschaftsvertreter darüber klagten, gegenüber Konkurrenten aus anderen Ländern, die Schmiergelder zahlen, ins Hintertreffen zu gelangen, versuchte der Kongress der USA internationale Verbündete zu finden, im Jahr 1998 kam der OECD-Antikorruptionspakt zustande, den bis heute 35 Länder unterzeichnet haben.

Eine Staatsanwältin beim Chefankläger der USA ermahnte ausländische Unternehmen, die an US-Börsen gelistet seien und vom US-Markt profitierten, sie unterlägen amerikanischen Gesetzen. Das forsche Vorgehen der US-Behörden macht der amerikanischen Industrie aber auch Sorgen, weil sie fürchtet, diese ausländischen Unternehmen könnten sich von den US-Börsen zurückziehen. Die SEC kann mit dem Fall Siemens jedoch belegen, dass sie es mit der internationalen Korruptionsbekämpfung ernst meint, und ein Rückzug der internationalen Unternehmen von den US-Börsen ist ein kostspieliges Unterfangen.

Was erwartet die SEC von Siemens? Neben dem Korruptionsverdacht ermittelt die amerikanische Staatsanwaltschaft auch noch gegen Siemens im Zusammengang mit dem „Oil for Food"-Skandal im Irak. Dem Unternehmen wird vorgeworfen, in dem Programm „Öl für Lebensmittel", das von den Vereinten Nationen initiiert wurde, das frühere irakische Regime geschmiert zu haben. Im Jahr 2005 ermittelte das US-Justizministerium gegen 47 Firmen, darunter auch gegen deutsche wie Siemens und Daimler Chrysler. Bei Siemens gehen die amerikanischen Ermittler dem Verdacht der Bestechung über 400 Millionen Euro nach. Überführte Manager müssen mit Bußgeldern und einer Gefängnisstrafe rechnen.

Im Jahr 2007 verurteilte das Landgericht Darmstadt zwei ehemalige Siemens-Manager wegen Bestechung zu Haftstrafen auf Bewährung. Siemens musste 38 Millionen Euro als Gewinnabschöpfung aus den illegalen Geschäften mit dem italienischen Energiekonzern Enel an die Staatskasse zahlen.

Die strafrechtliche Verurteilung eines Firmenmitarbeiters führt in der Regel dazu, dass sich die SEC das Unternehmen genauer ansieht. Die Verantwortung für die Einhaltung der Vorschriften gegen Korruptionspraktiken liegt meist in den Händen der Compliance-Abteilung eines Unternehmens. Die Compliance-Programme werden nun von den amerikanischen Ermittlern durchforscht, um festzustellen, ob sie umgesetzt werden können und Korruption in Zukunft auszuschließen sei.

Nach den Ermittlungen der deutschen Staatsanwaltschaft wegen des Verdachts der Korruption setzte auch Siemens auf erhöhte Maßnahmen im Bereich Compliance. Zunächst wurde ein externer Ombudsmann gegen Korruption ernannt: Rechtsanwalt Hans-Otto Beckstein aus der Kanzlei des bayrischen Innenministers Günter Beckstein. Anschließend wurde der ehemalige Stuttgarter Oberstaatsanwalt Daniel Noa als Leiter in die Antikorruptionsabteilung der Siemens AG geholt. Bereits im Dezember 2006 beschloss der Prüfungsausschuss des Aufsichtsrates, die amerikanische Kanzlei Debevoise & Plimpton mit internen Ermittlungen zu betrauen. Ihre Ermittler gelten als Spezialisten bei SEC-Ermittlungen und lassen Siemens hoffen, dass seitens der SEC und des Justizministeriums das Bemühen um Aufklärung auch Anerkennung findet.

3.2. Beschuldigungen gegen Bereichsvorstände und leitende Führungskräfte

Anmerkungen zur Ethik des Marktes
Der Wettbewerb wird als Instrument zur Erzielung gesellschaftlicher Ziele eingesetzt, jeder darf sich daran beteiligen,

was wiederum Freiheit von Macht voraussetzt. Dies kann auch Finanzmacht sein. Wer von der Ethik des Wettbewerbs spricht, konstatiert, dass es auch unmoralischen Wettbewerb gibt. Es ist nach den Ursachen der Unvollkommenheit des Marktes zu fragen, eine Ursache hierfür kann Korruption sein. „Korruption ist die Befriedigung persönlicher Bedürfnisse der Agenten zum Schaden ihrer Unternehmen" (Albach, 823 f.).

Derjenige Personenkreis, dem die Entscheidungsgewalt mit Außenwirkung übertragen wird, muss im Interesse des Unternehmens handeln. Der Vorstand eines Unternehmens soll die Interessen der Shareholder erfüllen, die Arbeitnehmer wollen wettbewerbsfähige Arbeitsplätze, die sicher sind und auch so gehalten werden. Wie ist die Behauptung zu deuten, es sei Aufgabe des Vorstands, die vielfältigen verschiedenen Interessen der Shareholder zu erfüllen? Ist das nicht mehr ein Alibi-Argument für die Befriedigung von Eigeninteressen der Top-Manager? Es bedarf keiner unternehmensethischen Überlegungen, um zu erkennen, dass derartige Verhaltensweisen von Vorstands- und Aufsichtsratmitgliedern unmoralisch sind. Vorstände treffen ihre Entscheidungen nicht autonom, sondern gebunden an das Firmeninteresse, hier liegt ein Missverständnis des Autonomieprinzips vor (ebd., 822).

Zum Verhältnis von Wirtschaft und Gesellschaft äußerte der ehemalige Vorstandsvorsitzende von Pierer, ein Unternehmen von der Größe der Siemens AG könne nicht an der Gesellschaft vorbeioperieren, es habe die Pflicht als „Corporate Citizen" gesellschaftliche Verantwortung zu übernehmen. Nur ein Unternehmen, das in der Gesellschaft seinen angemessenen Beitrag leistet, kann Wertschätzung und Sympathie erringen. Akzeptanz für einen Global Player sei Voraussetzung für nachhaltigen wirtschaftlichen Erfolg.

Im Folgenden soll versucht werden herauszufinden, welche Motive die Siemens-Bereichsvorstände und leitenden Führungskräfte veranlassten, ein dichtes Netz der Korruption zu installieren. War es die Befriedigung von Eigeninteressen die zu einer „Ökonomie der Habgier" führten? Wie anders ließe sich der Aufschrei des Siemens-Finanzvorstandes Joe Kaeser deuten, der der früheren Konzernspitze schwerste Versäumnisse bei der Korruptionsbekämpfung vorwirft. „Es ist mir heute nicht einsichtig, dass das Unternehmen auf eine ganze Reihe von Hinweisen nicht reagiert hat", sagte Kaeser als Zeuge im Siemens-Schmiergeldprozess vor dem Landgericht München aus. Er habe schwarze Kassen niemals geduldet, geschweige denn habe er davon gewusst (Tagesspiegel v. 17.6. 2008).
Als im Februar 2006 das „manager magazin" die damalige Führungsriege um den einstigen Vorstandschef von Pierer vorstellte, wurde der Zentralvorstand Feldmayer auch als möglicher Ersatzmann für den Vorstandschef Kleinfeld genannt. Weiter wurden die Zentralvorstände Thomas Ganswindt und Heinz-J. Neubürger zu der „Top-Crew" gezählt. Alle drei spielen in der Korruptionsaffäre und bei den Ermittlungen der Staatsanwaltschaft eine Rolle. Johannes Feldmayer musste im Frühjahr 2007 in Untersuchungshaft, der Mann, der Siemens in Veranstaltungen deutscher Universitäten repräsentierte und dort vortrug, wie überlebenswichtig ständige Innovation bei Siemens sei. An der TU Berlin erhielt er die Ernennungsurkunde als Honorarprofessor in der Fakultät Wirtschaft und Management im Oktober 2006.
Im Jahr 1979 war er zu Siemens gekommen und absolvierte

eine kaufmännische Stammhauslehre, arbeitete als Wirtschaftsplaner zunächst im Bereich der Datenverarbeitung und durchlief die Programme der Elite-Ausbildungsstätte Insead im französischen Fontainebleau. Über die Stationen Johannesburg und Alpharetta/USA wurde er im Dezember 2001 Strategie-Chef und stieg im August 2003 in den Zentralvorstand auf. Dort war er zuständig für IT, Immobilien, Global Shared Services, das Corporate Information Office und Europa.

Die Vorwürfe der Justiz gegen Feldmayer beziehen sich auf ein neues Gebiet, sie ermittelt im Geschäft mit der Arbeitsgemeinschaft Unabhängiger Betriebsangehöriger (AUB) des Wilhelm Schelsky, das Feldmayer schon vor Jahren eingefädelt haben soll. Der Europachef soll 15,5 Millionen Euro veruntreut haben, der Ex-Betriebsratschef Schelsky insgesamt 34 Millionen Euro erhalten haben. Siemens war im März 2007 in Verdacht geraten, mehrere Millionen Euro an die AUB gezahlt zu haben, um sich deren Wohlwollen zu verschaffen.

Die Ermittler gehen von dem Verdacht aus, dass mit dem Geld auch Betriebsratswahlen beeinflusst werden sollten. Nach Informationen der „Süddeutschen Zeitung" sind noch bis November 2006 Honorare an Schelsky gezahlt worden, in dem Jahr allein 8 Millionen Euro. Aufgefallen war den Ermittlern, dass Teile der Rechnungen Schelskys nicht an Siemens gingen, sondern an Privatadressen des verhafteten Feldmayers und einer Führungskraft aus dem Rechnungswesen.

Die Festnahme Feldmayers aus der Konzernzentrale ist in der deutschen Wirtschaftsgeschichte ein einzigartiger Vorfall, der Manager ließ sich auf eigenen Wunsch von seinen

Aufgaben bei Siemens freistellen. Inzwischen prüft die IG-Metall Klage gegen Siemens wegen jahrelanger Beeinflussung von Betriebsräten und Betriebsratswahlen. Die mögliche Einflussnahme wird im Zusammenhang mit dem Skandal bei VW gesehen, wo es um Schmiergelder und Lustreisen auf Firmenkosten ging. Dazu sagte der deutsche Vorsitzende von Transparency Elshorst, bei VW sei es nur um Individuen gegangen, sollten die Vorwürfe gegen Siemens zutreffen, habe ein internationaler Konzern es gewagt, eine alternative Gewerkschaft aufzubauen. Nach Angaben des Magazins Focus wurden mit dem Geld etwa 15 Mitarbeiter, diverse Veranstaltungen und Werbebroschüren der als arbeitgeberfreundlich geltenden Organisation bezahlt. Die Vermutung, Siemens habe auch AUB-Betriebsräte bestochen, konnte die Nürnberger Staatsanwaltschaft bislang nicht erhärten.

Im September 2008 wurde der Prozess gegen den früheren Zentralvorstand Feldmayer vor dem Landgericht Nürnberg-Fürth eröffnet, angeklagt ist auch der frühere AUB-Chef Schelsky. Die jahrelang verdeckt geflossenen Millionen Euro von Siemens zum Aufbau einer Gegengewerkschaft zur IG Metall sind nach Aussagen von Feldmayer eine bewusste Firmenstrategie gewesen, das sei wirklich gewollt. Er trage dafür die Verantwortung und fühle sich unschuldig. Die Anklage lautet auf Steuerhinterziehung, Untreue und im Fall von Schelsky auf Betrug an Siemens.

Laut Staatsanwaltschaft umfassten die Gelder 44 fingierte Rechnungen über 30 Millionen Euro, die per Scheinvertrag von Siemens an Schelsky flossen. Dabei soll der Konzernvorstand Rechnungen Schelskys auch unter seiner Privatadresse angenommen und anschließend der Siemens-Buchhaltung zugeleitet haben. Aufgrund der Zahlungen sollen falsche

Steuererklärungen abgegeben worden sein. Offiziell waren die Zahlungen als Beraterhonorar deklariert, nach Erkenntnissen der Anklage waren sich Schelsky und Feldmayer einig, dass die in dem Vertrag aufgeführten Leistungen, wie die Schulung von Mitarbeitern, gar nicht erbracht werden sollten.

Feldmayer verteidigte sich damit, dass Siemens mit dem Geld nur den Aufbau der AUB gesponsert habe, nicht aber einzelne Betriebsratsmitglieder gezielt beeinflusst oder deren Abstimmungsverhalten erkauft habe. Ihm sei aber klar gewesen, dass Schelsky als Lobbyist für Siemens tätig war und genehme Kandidaten für Betriebsratswahlen ausgesucht habe, galten die AUB-Betriebsräte doch für Siemens als genehme Kandidaten und Garant für fügsame Mitarbeiter. Inzwischen gilt es nicht nur bei der Nürnberger Staatsanwaltschaft als Tatsache, dass Siemens der AUB eigene Mitarbeiter überließ. Eine Zeugin, die elf Jahre Bei Siemens beschäftigt war, nannte Details zu dieser Annahme. Sie habe trotzdem für die AUB und deren Bundesvorsitzenden Schelsky gearbeitet, dafür habe es von Siemens stattliche Sonderzahlungen gegeben. Im Jahr 2001 habe sie mit sieben Kollegen Siemens verlassen und sei zur AUB gewechselt, eine Entscheidung, die Siemens mit einer auf fünf Jahre bestehenden Rückkehrzusage erleichterte (dialog.igmetall.de/ v. 28.10. 2008).

Die AUB habe sehr positiv gewirkt, und als erste Arbeitnehmervertretung mit Siemens einen Vertrag zur Flexibilisierung der Arbeitszeit abgeschlossen, äußerte Feldmayer. Für die Betroffenen habe das unbezahlte Mehrarbeit und Lohnverzicht bedeutet. „Wir haben uns unter dem Strich Geld gespart", Feldmayers Aussage mag für seine juristische

Verteidigung entscheidend sein, moralisch ist sie entlarvend. Er wird nur dann wegen Untreue verurteilt werden können, wenn der Vertrag mit Schelsky für Siemens finanziell nachteilig war.

Zu Beginn des Prozesses gab Feldmayer zu, die AUB-Arbeitgeberorganisation mit mehr als 50 Millionen Euro unterstützt zu haben, wies aber darauf hin, bei den Zahlungen nur ein ausführendes Rädchen im Getriebe des Elektronikkonzerns gewesen zu sein. Er beharrte darauf, dass Siemens diese Aktivitäten wirklich gewollt habe. Dafür habe er nicht ständig hinterfragen müssen, er habe gehandelt. Den Auftrag dafür habe er von dem früheren Zentralvorstand Günter Wilhelm erhalten, das Vorgehen sei auch mit der zentralen Finanzverwaltung abgestimmt gewesen. (www.n-tv.de).

Als Zeuge bestätigte der ehemalige Vorsitzende des Gesamtsprecherausschusses der leitenden Angestellten bei Siemens diese Angaben. Er sei sicher, dass Feldmayer nicht ohne „deutliches Kopfnicken von weiter oben" die Verträge mit der AUB geschlossen habe. Konkret nannte er die beiden früheren Vorstandsmitglieder Wilhelm und Franz (dialog.ig-metall.de/ v. 28.10. 2008). Staatsanwältin Gabriels-Gorsolke wirft Feldmayer vor, die Zahlungen als durchlaufende Kosten verbucht und die Siemens-Zentrale belastet zu haben.

Er habe dadurch gegen seine Verpflichtung verstoßen, „für das Vermögen der Siemens AG Sorge zu tragen". Schelsky habe spätestens seit 2006 das Geld nicht nur für die AUB ausgegeben, sondern auch für private Zwecke, Sport-Sponsoring und für andere Unternehmen, an denen er beteiligt war. Seit seiner Verhaftung im Februar 2007 sitzt Schelsky in Untersuchungshaft. Er gab zu, dass die Zahlungen heimlich über Privatadressen abgewickelt wurden, der Konzern aber

nie Rechenschaft darüber verlangte (www.sueddeutsche.
de).
Nach dem zweimonatigen Prozess beantragte die Staatsanwältin für Schelsky eine Haftstrafe von sechs Jahren Haft und
für Feldmayer von dreieinhalb Jahren. Beide hätten vorsätz-
lich gehandelt und gewusst, dass die verdeckte Finanzierung
der AUB durch angebliche Beraterhonorare nicht rechtens
war. Schelsky habe sich des Betruges, der Steuerhinterziehung und der Beihilfe zur Untreue schuldig gemacht, Feldmayer habe sich der Untreue in einem besonders schweren
Fall und der Steuerhinterziehung schuldig gemacht (www.
sueddeutsche.de v. 18.11. 2008).

Im Dezember 2006 wurde der ehemalige Siemens-Vorstand
Thomas Ganswindt verhaftet. Die Staatsanwaltschaft München ging derzeit von dem Verdacht aus, eine Gruppe leitender Siemens-Manager habe 200 Millionen Euro veruntreut und damit schwarze Kassen gefüllt, die dazu gedacht
waren, durch Schmiergeldzahlungen Aufträge zu beschaffen.
Insgesamt sollen in einem Zeitraum von sieben Jahren 420
Millionen Euro abgezweigt worden sein, diesen Vorgang
versuchte die Staatsanwaltschaft aufzuklären.
Erstmals räumte ein Ex-Vorstand ein, von Korruption gewusst zu haben. Ein anderer Beschuldigter, der Kaufmann
Reinhard S. aus der Telekommunikationssparte COM, hatte
im Prozess ausgesagt, er habe Ganswindt im Jahr 2004 bereits Zahlen genannt und über Schmiergeldzahlungen informiert. Ganswindt gab zu, dadurch erfahren zu haben,
dass im Unternehmen Mittel für solche Zwecke in schwarze
Kassen geflossen seien. Details habe er aber nicht gewusst.
Der Manager war im September 2006 bei Siemens ausge-

schieden und signalisierte gegenüber der Justiz seine Bereitschaft zur Zusammenarbeit.

Ganswindt war im Jahr 2002 in den Vorstand und 2004 in den Zentralvorstand berufen worden. Er war der ranghöchste Ex-Siemens-Mitarbeiter in Haft, von ihm erhoffte sich die Staatsanwaltschaft Auskunft darüber, ob auch andere Vorstände über schwarze Kassen und Schmiergeld-Praktiken informiert gewesen seien. Reinhard S. jedenfalls hatte bereits Anfang 2004 Ganswindt aufgesucht und ihm mitgeteilt, man müsse die intern als „Provisionszahlungen" bezeichneten Bestechungen reduzieren, um strafrechtliche Ermittlungen zu vermeiden. Ganswindt sagte zu, auf seine Mitarbeiter im Vertrieb entsprechend einzuwirken.

Im Rahmen der Schmiergeldaffäre in der Kommunikationsbranche COM wurden bis zum Frühjahr 2003 bereits über 30 Personen von der Münchner Staatsanwaltschaft vernommen, darunter auch der Ex-Finanzchef Heinz-Joachim Neubürger, der überraschend seinen Posten aus „persönlichen Gründen" zum 1. Mai 2006 aufgab. Ein Grund soll sein angespanntes persönliches Verhältnis zum Siemens-Vorstandsvorsitzenden Kleinfeld gewesen sein, Neubürger war seit 1998 Finanzvorstand, sein Vorstandsvertrag endete im Herbst 2007. Er setzte sich für eine stärkere Orientierung des Unternehmens an den Interessen der Finanzmärkte ein. Im Juli 2008 wurde auch er durch den früheren Siemens-Justitiar Albrecht Schäfer belastet, der vor dem Landgericht München aussagte, den Finanzvorstand über Korruptionsfälle informiert zu haben.

Die Süddeutsche Zeitung vom 7.12. 2007 nennt Albrecht Schäfer, den ehemaligen Antikorruptionsbeauftragten, eine Schlüsselfigur im Schmiergeldskandal bei Siemens. Er verfügte über Insiderwissen der Vorgänge in der Konzernzentrale und galt als langjähriger Vertrauter des alten Vorstands. Schäfer war im Jahr 1976 zu Siemens gekommen und hatte dort in der Rechts- und Steuerabteilung gearbeitet, bevor er 1992 zum Justitiar aufstieg und von Oktober 2004 bis Ende 2006 die Aufgaben des Antikorruptionsbeauftragten übernahm. Ihm oblag es, Hinweisen auf Schmiergeldzahlungen nachzugehen, und den Vorstand über seine Erkenntnisse zu informieren.

Das heutige Siemens-Management warf Schäfer zunächst vor, dies nicht in ausreichendem Maß getan zu haben. Schäfer wehrte sich gegen den Vorwurf, er habe den Prüfungsausschuss des Aufsichtsrats unvollständig über interne Hinweise auf Bestechungsdelikte informiert und wiederholte, dass er den Finanzvorstand und die Vorstände Ganswindt und Radomski ordnungsgemäß über Korruptionsfälle informiert habe. Im Dezember 2007 informierte der Vorstandsvorsitzende Löscher den Aufsichtsrat, man habe sich nach monatelangen Auseinandersetzungen mit Schäfer beim Amtsgericht München auf einen Vergleich geeinigt, die Vorwürfe würden nicht weiter aufrecht gehalten, und die im August 2007 ausgesprochene Kündigung ziehe man zurück. Schäfer wurde nun das „volle Vertrauen ausgesprochen".

Vor dem Landgericht München hatte Schäfer mehrfach erklärt, dass es nicht seine Aufgabe gewesen sei, intern zu ermitteln oder zu kontrollieren, er habe informiert. Für investigative Aufgaben sei die Compliance-Abteilung mit sechs Personen zu klein gewesen. Lediglich 25 bis 30 Prozent seiner Arbeitszeit habe er für Compliance-Angelegenheiten aufwenden können. Schäfer betonte, er habe dem Siemens-Vorstand Ganswindt schon im Jahr 2004 gebeten, die Korruptionsfälle auch mit von Pierer zu besprechen. Ob dies geschehen sei, entziehe sich seiner Kenntnis.

Laut Schäfers Aussagen habe Neubürger im Jahr 2001 durch ihn Kenntnis erhalten, dass in der Schweiz Ermittlungen wegen Schwarzgeldkonten der Siemens AG liefen. Ganswindt und Radomski habe er über Schwarzgeldkonten in Liechtenstein informiert. Mitgeteilt habe er dem Zentralvorstand auch, dass Ermittler in der Enel-Bestechungsaffäre zu dem Schluss gekommen seien, Korruption gehöre bei Siemens zur Unternehmensstrategie. Im Jahr 2004 habe er gegenüber Ganswindt ein Maßnahmepaket vorgeschlagen, alle Beraterverträge zu kündigen, und die interne Revision diese Fälle untersuchen zu lassen. Dazu gehörte auch sein Vorschlag, den Beratervertrag mit Reinhard S. zu kündigen, denn er habe schon früh geahnt, dass illegale Handlungen hinter Beraterverträgen versteckt würden.

Im Dezember 2006 äußerte der Amerikaner Michael Hershman, den Siemens gebeten hatte mitzuhelfen, Licht ins Dunkel um die Affäre der schwarzen Kassen zu bringen, es könne noch Wochen, vielleicht sogar Monate dauern, bis er sich einen Überblick über Unterlagen und Fakten verschafft habe. Er wolle nur nicht spekulieren, wenn er auf Schwachstellen bei Siemens stoße. Zur gleichen Zeit gab die Münchner Staatsanwaltschaft bekannt, dass sie im Zuge der Ermittlungen gegen Siemens nun auch gegen den bereits am 1. Mai zurückgetretenen Finanzvorstand Heinz-Joachim Neubürger ermittele.

Als sich Neubürger überraschend zurückzog, hatte die Branche dies als großen Verlust für den Konzern beklagt. Er sollte weiter als Berater für das Unternehmen arbeiten, dem er seit 1989 angehörte. Vom Abteilungsleiter hatte er sich bis zum Vorstand hochgearbeitet und galt als enger Vertrauter von Heinrich von Pierer. In Unternehmenskreisen wurde Neubürgers Ausstieg auch auf ein angespanntes Verhältnis mit dem neuen Vorstandsvorsitzenden Kleinfeld zurückgeführt. Die Ermittlungen gegen Neubürger verstärkten den Druck gegen den Vorstand und Aufsichtsrat vor der bevorstehenden Hauptversammlung.

Neubürger bestritt alle Beschuldigungen, er sehe sich den Vorwürfen, ein Mitwisser von schwarzen Kassen gewesen zu sein, zu Unrecht ausgesetzt. Er habe sich während seines gesamten Berufslebens bei Siemens dafür eingesetzt, dass die Geschäfte sauber geführt würden. Neubürger hatte sich vehement für eine stärkere Orientierung von Siemens an den Interessen der Finanzmärkte eingesetzt. Seit 1998 hatte er das Amt des Finanzvorstands inne und war als Rivale um die Nachfolge des Vorstandsvorsitzenden gescheitert.

3.3. Ermittlungen und Prozessverlauf im Ausland

Inzwischen sind dubiose Zahlungen und Scheinfirmen in mehr als 50 Ländern festgestellt worden, das Netz schwarzer Kassen erstreckt sich über vier Kontinente. Auch in Argentinien geriet die Siemens AG wegen mutmaßlicher Schmiergeldzahlungen in Schwierigkeiten. Im Jahr 1998 war das Unternehmen beauftragt worden, ein neues System für Grenzkontrollen und elektronische Ausweise aufzubauen, der Wert dieses Auftrags lag bei ca. 1 Milliarde US-Dollar. Nach der Wahl des Präsidenten Eduardo Duhalde blockierte dieser das Siemens-Projekt. Siemens warf der

Regierung vor, den Vertrag gesetzeswidrig verletzt zu haben und stritt seitdem mit dem Staat vor einem Schiedsgericht der Weltbank. Der Rechtsstreit dauert an, obwohl Siemens im Februar 2007 Kompensations- und Entschädigungszahlungen in Höhe von 280 Millionen US-Dollar zugesprochen wurden (www.capital.de/unternehmen).

Ermittlungserkenntnisse über Bestechungszahlungen bei diesem Auftrag könnten die Siemens-Forderungen noch in Frage stellen. Die argentinischen Ermittlungsbehörden verfolgen die Aufklärung des Schmiergeldskandals in Deutschland aufmerksam. Die Süddeutsche Zeitung hatte berichtet, dass der Konzern für die Bestechung argentinischer Funktionäre bis zu 100 Millionen US-Dollar vorgesehen hatte. Staatspräsident Carlos Menem habe allein 16 Millionen der Summe erhalten sollen.

Das Geld sollte über eine Tarnfirma mit Sitz in Costa Rica fließen. Nach den bisherigen Erkenntnissen seien aber „nur" 4,4 Millionen US-Dollar an den Regierungschef geflossen. Menems Innenminister Corach habe über ein Scheinunternehmen 6,4 Millionen US-Dollar erhalten, Staatssekretär Hugo Franco noch 1,9 Millionen US-Dollar. Dies soll aus einer Gesprächsnotiz von Siemens in Argentinien hervorgehen, die der Staatsanwaltschaft in Buenos Aires vorliegt. Dort wurden mehrere Büros des deutschen Konzerns durchsucht (www. jungewelt.de/2008).

Aufgrund der Beschuldigungen gegen Siemens hat sich die Opposition im Unterhaus des Kongresses mit den Bestechungsvorwürfen beschäftigt. Denn auch der Ehemann der jetzigen Präsidentin Cristina Fernandez, Nestor Kirchner, soll von den Schmiergeldzahlungen profitiert haben. Wegen des schwelenden Rechtsstreits zwischen Staat und Siemens besteht die Präsidentin nun auf einer Wiederaufnahme des Verfahrens. Der ehemalige Siemens-Vorstand Sharef soll Ende 2003 Zahlungen von 4,7 Millionen US-Dollar an ein Schweizer Unternehmen überwiesen haben, ohne dass es dafür eine Rechtsgrundlage gegeben habe. Hintergrund für sein Handeln könnten möglicherweise Schmiergeldzahlungen für ein Großgeschäft in Argentinien sein. Sollte Siemens Bestechung nachgewiesen werden, könnte der Schuldspruch der Weltbank nichtig sein (www.faz.net/ v.3.8.2008).

In China droht Siemens ebenfalls Ungemach. Die von Siemens eingeräumten „Unregelmäßigkeiten" führten dazu, dass die Antikorruptionsbehörden des Landes einem Bestechungsfall in einem Krankenhaus in der nordostchinesischen Provinz Jilin nachgingen. Die Polizei hat dort eine chinesische Siemens-Mitarbeiterin vorübergehend festgenommen und verhört (Tagesspiegel v. 5.9. 2007), Spiegel Online vom 4.9. spricht sogar von Verhaftungen. Bereits im August hatte das manager-magazin berichtet, dass Siemens 20 Mitarbeiter wegen Unregelmäßigkeiten entlassen musste und die Untersuchungen anhielten. Dies bestätigten China-Chef Richard Hausmann zusammen mit dem Siemens-Vorstandschef Peter Löscher vor chinesischen Journalisten in Shanghai (Wirtschaftswoche 24. August 2007).
Korruptionsvorwürfe gegen die Siemens AG kommen auch aus Indonesien, dort sieht sich das Unternehmen mit Anschuldigungen der dortigen Antikorruptionsbehörde (KPK) konfrontiert, die der Münchner Staatsanwaltschaft helfen will, Siemens-Geschäfte in Indonesien zu untersuchen. Nach Informationen des Tagesspiegels unterbreitete der KPK-Vize das Kooperationsangebot und traf später Beamte des Bun-

deskriminalamtes in Jakarta. Auf einem Konto in Liechtenstein waren dubiose Siemens-Millionen gefunden worden, die in Zusammenhang mit einem Siemens-Kraftwerksbau in Indonesien stehen sollen (Tagesspiegel v. 15.10. 2007).

Im August 2007 schloss die Süddeutsche Zeitung nicht mehr aus, die Korruptionsaffäre bei Siemens könnte viel größere Ausmaße haben als bislang bekannt. Die internen Ermittler der beauftragten US-Kanzlei Debevoise & Plimpton seien auf fragwürdige Zahlungen von insgesamt weit mehr als einer Milliarde Euro gestoßen. Auch die Kraftwerkssparte sei jetzt davon betroffen. „Focus Money" berichtete, die Staatsanwaltschaft Wuppertal habe Niederlassungen der Kraftwerkssparte Power Generation (PG) durchsucht. Hintergrund seien Vorwürfe, dass bei der Vergabe eines EU-Auftrages zur Modernisierung eines Kraftwerks in Serbien Schmiergelder geflossen seien.

Dass die Aufklärung des Korruptionsfalles bei Siemens zu diesem Zeitpunkt nur schleppend voran ging, lag wohl auch daran, dass noch nicht alle Siemens-Führungskräfte die Compliance-Regeln des Unternehmens verinnerlicht hatten. Anders ist es kaum zu verstehen, dass sich die von Siemens ins Haus geholte Anwaltskanzlei Debevoise & Plimpton beim Aufsichtsrat über mangelnde Mitarbeit des Führungspersonals beschweren musste. Aufsichtsratchef Cromme zeigte sich bestürzt über das Verhalten der Manager und sagte hartes Durchgreifen zu, nachdem mehrere Zeitungen darüber berichtet hatten, dass Manager der Landesgesellschaften von Siemens (Österreich, Griechenland, Belgien) die Aufklärung behinderten (FAZ, SZ).

Zurück auf dem europäischen Kontinent schlägt die Bestechungsaffäre der Siemens AG in Griechenland weiter hohe Wellen. In Athen hat der Konzern Politiker und Parteien bestochen, um bei lukrativen Aufträgen zum Zuge zu kommen, wie beim Telefonkonzern OTE. Hier sollen Aufträge zu völlig überhöhten Preisen abgerechnet worden sein. Als ein Insider das System aufdecken wollte, wurde er entlassen. Inzwischen hat die Athener Staatsanwaltschaft Anklage wegen des Verdachts der Bestechung und Geldwäsche erhoben, es soll um gut 100 Millionen Euro gehen. Mit dem griechischen Telefonkonzern OTE droht erstmals ein Unternehmen Siemens auf Schadensersatz zu verklagen.

Im Mittelpunkt stehen dabei zwei staatliche Großaufträge, der Ausbau des griechischen Telefonnetzes und das aufwändige Sicherheitssystem für die Olympischen Sommerspiele 2004 in Athen. Namen werden in der Anklageschrift der Staatsanwaltschaft nicht genannt, es handelt sich um eine Anklage „gegen alle Verantwortlichen", was nach griechischem Recht möglich ist. In einem internen Papier der Athener Staatsanwaltschaft sollen 22 Verdächtige genannt worden sein, darunter mehr als ein Dutzend Manager und Mitarbeiter der teilstaatlichen OTE, die geschmiert worden sein sollen. Auch Siemens-Verantwortliche stehen auf der Liste, so der ehemalige Konzernvorstand Volker Jung, damals verantwortlich für das Geschäftsfeld Information und Communications, gegen den auch in München ermittelt wird. Jung bestreitet, weder in Athen noch in München in die Affäre verstrickt zu sein.

Siemens lässt eigene Ermittlungen durch die Anwaltskanzlei Debevoise & Plimpton anstellen, die die ehemalige Chefsekretärin der Athener Siemens-Niederlassung befragten, die vor der dortigen Staatsanwaltschaft aussagte und von Zuwendungen an griechische Politiker sprach. Vor den Zahlungen habe sie manchmal mit den Ehefrauen der Politiker telefoniert oder mit dem Wachpersonal. Ein früherer Kassenwart der linksgerichteten Pasok-Partei gestand inzwischen, mehr als 400.000 Euro angenommen zu haben, um es einer Wahlkampagne der Partei zufließen zu lassen. Dies wird von der Parteispitze bestritten.

Die Siemens-Affäre bewegt seit Monaten die griechische Öffentlichkeit, so berichtete die Zeitung ,,Kathimerini'', Zahlungen aus schwarzen Kassen seien an beide großen griechischen Parteien gegangen, auch an die derzeit regierende Nea Dimokratia (ND). Die Zeitung bezifferte die Siemens-Zahlungen, die zwischen 1998 und 2005 für politische Parteien gezahlt wurden auf zwölf Millionen Euro. Das Klima in der Regierungspartei sei explosiv, die ND regiert mit nur einer Stimme Mehrheit im Parlament. Abgeordnete der Regierungspartei und Regierungschef Karamanlis verlangten inzwischen die Einsetzung eines Untersuchungsausschusses.

Im griechischen Siemens-Schmiergeldprozess gibt es noch eine schillernde Figur, die nicht unerwähnt bleiben darf. Der Unternehmer Sokrates Kokkalis gilt als viertreichster Mann Griechenlands, in Deutschland ist er durch dubiose Geschäfte mit der DDR bekannt geworden und zu Reichtum gekommen. Sein Vater war Herzchirurg und überzeugter Kommunist, floh mit der Familie während der griechischen Militärjunta nach Ostberlin, wo er zum Leibarzt Ulbrichts avancierte. Sokrates lebte zehn Jahre lang in Ostberlin und verdingte sich auch bei der Stasi. Sein Name tauchte nun im Skandal um schwarze Kassen bei Siemens auf. Das Vernehmungsprotokoll des Siemens Ex-Vorstands Kutschenreuter durch die Staatsanwaltschaft München vom Dezember 2006 nennt den Namen des Griechen und dessen enge Verbindung zu Volker Jung (www.capital.de /unternehmen).

Jung verantwortete bis zum Jahr 2003 das Griechenland-Geschäft der Siemens AG und wechselte im August mit der Erreichung des 64. Lebensjahres in den Aufsichtsrat der Kokkalis-Firma Intracom. Dieser größte griechische Telekommunikationsausrüster gehörte seit 2006 mehrheitlich dem Moskauer Mischkonzern AFK Sistema, den Jung ebenfalls beraten hatte. In Erklärungsnot steckt er aber vor allem wegen der Siemens-Affäre, den Zahlungen von 86 Millionen DM Mitte der 90er Jahre an OTE. Im Gegenzug erhielt Siemens im Jahr 1997 von OTE den Auftrag zur Digitalisierung des griechischen Telefonnetzes, aber nur den halben Auftrag. Die andere Hälfte des Auftrages führte die Firma Intracom aus (ebd.).

Die Telefongesellschaft OTE forderte jetzt Auskünfte über Erkenntnisse in dem Korruptionsskandal und wollte in einer zweiten Klage Schadenersatz geltend machen. Hintergrund sei, dass Siemens über Bestechung an Aufträge von OTE gekommen sei und zu hohe Preise abgerechnet worden seien. Siemens hingegen soll weniger mit Schadenersatzforderungen rechnen als mit einer Klage von OTE auf Herausgabe der Ermittlungsergebnisse. Kokkalis bestritt gegenüber Capital, dass bei der Halbierung des Auftrags Geld aus schwarzen Kassen geflossen sei.

Die von Siemens bestellten Wirtschaftsanwälte Hengeler/ Mueller, die ebenfalls in der Affäre ermitteln, bescheinigen dem gesamten früheren Zentralvorstand von Siemens auf jeden Fall Mitwisserschaft. Das hauseigene Anti-Korruptionssystem sei schon seit 2001 "objektiv mangelhaft" gewesen. Die verborgenen Korruptionsrisiken seien massiv unterschätzt, Verstöße nicht ausreichend geahndet und die Einhaltung der vorgegebenen Regeln nur rudimentär kontrolliert worden. Ab Sommer 2003 hätten sich die Verdachtsfälle gehäuft. Vorschläge zur Verbesserung des Anti-Korruptionssystems wurden trotzdem verworfen (www.faz.net-3.8. 2008).

Dass in Russland nicht gegen Siemens ermittelt wird, mag dem Konzern gefallen, die 5. Strafkammer des Landgerichts München verhängte jedenfalls eine Geldbuße von 201 Millionen Euro gegen Siemens, weil allen voran in Russland beträchtliche Schmiergelder gezahlt wurden. Für russische Unternehmen wäre dies nichts Besonderes, denn eine von der Indem Foundation in Zusammenhang mit Transparency erstellte Studie zeigte, dass 82% der befragten Unternehmer zugaben, innerhalb eines Jahres Bestechungsgelder gezahlt zu haben.

Dabei entsprachen die Zahlungen 10,5% des offiziellen Bruttoinlandprodukts. Von den Korruptionsaufwendungen der Unternehmen gingen 98,9% an die Verwaltung, 0,9% an die Gerichte und 0,2% an die Legislative. Fehlende Verwaltungsreformen seien das Hauptproblem in Russland, sofern sie mit glaubwürdigen Strafandrohungen verbunden wären, könnten sie Abhilfe schaffen (Neue Zürcher Zeitung v. 12./13.10. 2002).

Siemens feierte in St. Petersburg im Jahr 2003 die Fertigstellung der Installation eines digitalen Telefonvermittlungssystems, anwesend war auch Volker Jung. Trotz einer Liste von Geldboten, Empfängern und Beträgen ermittelt die russische Justiz bisher nicht. Geld ist in Chabarowsk, im Osten in Wladiwostok wie auch im Wolgagebiet oder im Nordwesten in Petrosawodsk gezahlt worden, wo der Vize-Chef der örtlichen Telefongesellschaft am 27. August 2003 genau 102.400 Euro in Empfang nahm. Die russischen Ermittler interessierte das nicht, die russische Staatsanwaltschaft teilte der Süddeutschen Zeitung in Moskau mit, das Ermittlungskomitee bei der Staatsanwaltschaft der Russischen Föderation verfolge im Zusammenhang mit dem Verfahren vor dem Münchner Landgericht keine Strafsache (www.sueddeutsche.de /wirtschaft, v. 5.2.2008).

In Russland wird der Telekommunikationssektor von Svyazinvest beherrscht, dies ist die Adresse, an die man sich wenden muss, um ins Geschäft zu kommen. Dazu gehörten sieben regionale Telefongesellschaften, entschieden werde aber in der Firmenzentrale in St. Petersburg über den Kauf von Ausrüstung, so ein Regionalchef. Auch bei Siemens arbeiteten Profis, die wüssten, an wen man sich wenden müsse, sagt er. Trotzdem hat die Chefin von Transparency in Russland noch nicht die Hoffnung aufgegeben, dass der neue Mann im Kreml, Medwedjew, die Anstrengungen gegen Korruption verstärke und die Ermittlungen gegen Siemens in Gang kommen.

Bereits in den vorangegangenen Jahren soll es laut Aussage eines Ex-Vertriebsleiters des Siemens-Konzerns zu Bestechungen russischer Beamter gekommen sein. In einer eidesstattlichen Erklärung gab Sam Tsekhman an, dass Siemens-Manager ihm als Mitverantwortlichem für das Russland-Geschäft von Siemens-Medizintechnik regelmäßig hohe Summen in bar für Bestechungszwecke in einem Wiener Hotel überreicht hätten, berichtete der „Stern" im Jahr 2005. In Einzelfällen waren das Beträge bis zu einer

Million Dollar, die zur Bezahlung russischer Amtsträger dienen sollten. Seit Februar 1999 ist in Deutschland die Bestechung ausländischer Amtsträger strafbar.

Bis April 2000 sollen Siemens-Mitarbeiter mit russischen Stellen über Schmiergeldzahlungen verhandelt haben, um einen mit 28,2 Millionen Euro dotierten Vertrag mit dem Moskauer Burdenko-Institut zu erlangen. Im Erfolgsfall seien für dieses Projekt Bestechungsgelder von sieben Millionen Euro eingeplant gewesen. Nach Tsekhmans Angaben informierte er den damaligen Vorstandsvorsitzenden von Pierer über den Burdenko-Fall, der Brief soll dem „Stern" vorliegen. Eine Siemens-Sprecherin erklärte, im Anschluss an die Information sei unverzüglich eine interne Untersuchung eingeleitet worden (www.spiegel.de/wirtschaft, v. 14.9.2005).

4. Konzernumbau und neue Ermittlungserkenntnisse

Kein anderer Name steht in der jüngeren Geschichte der Siemens AG für dieses Unternehmen wie der Heinrich von Pierers. Der Manager war bei den Betriebsangehörigen beliebt, 38 Jahre lang war der Jurist für Siemens tätig, 15 Jahre hat er die Geschicke des Traditionskonzerns maßgeblich geprägt, lange als Vorstandsvorsitzender, zuletzt als Chef des Aufsichtsrates. Als Global Player erlebte der Konzern in dieser Zeit die Umwälzungen der Weltwirtschaft und des Standorts Deutschland.

Mit großer Verantwortung stellte sich von Pierer den Herausforderungen der Globalisierung, dem massiv zunehmenden Einfluss der Kapitalmärkte, Technologiesprüngen und dem wachsenden Rationalisierungsdruck. Er vermittelte den Eindruck, zu wissen, wie man in China oder in Russland Geschäfte anbahnt und war in vielen Fällen anderen Managerkollegen voraus. Auch die Bundesregierungen vertrauten seinen Ratschlägen, unabhängig davon, welche Parteien die Regierung bildeten.

Im 160. Jahr des Bestehens von Siemens ist nichts mehr wie es war. Die Siemens-Korruptionsaffäre überdeckt alles, schwarze Kassen im Konzern belasten diese erfolgreiche Managerkarriere schwer. Das Ausmaß an dubiosen Zahlungen, Vorwürfe der Vorteilnahme auf der ganzen Welt und die Erkenntnis, dass nicht nur der Unternehmensbereich der Sparte COM ins Visier der Staatsanwaltschaft geraten ist, lässt viele Beobachter daran zweifeln, dass die oberste Führungsspitze von all den Machenschaften nichts gewusst haben soll.

Mit den zunehmenden Ermittlungen geriet im Jahr 2007 auch der Aufsichtsratvorsitzende von Pierer in die Kritik, weil sich immer mehr Insider fragten, ob Schmiergeldzahlungen und Verstöße gegen die internen Vorschriften von solch einer Dimension ohne das Wissen des Konzernvorstands geschehen konnten. Hinzu kam, dass von Pierer es nicht für nötig hielt, die deutschen Behörden einzuschalten, nachdem er auf der Hauptversammlung 2005 angedeutet hatte, dass das Unternehmen in Sachen Corporate Governance und Korruptionsbekämpfung Probleme habe.

Es war nur noch eine Frage der Zeit, wann von Pierer zurücktreten würde, weitere dubiose Zahlungen wurden bekannt, die während seiner Ära als Konzernchef geflossen waren. Das entsprach nicht der Unternehmenskultur, der sich Siemens verschrieben hatte. Das Argument, nichts gewusst zu haben, reicht in diesem Amt nicht aus. Vor allem sahen immer weniger an der Aufklärung des Skandals Beteiligte von Pierer in der Position, die Affäre aufzuklären. So war sein Rücktritt am 20. April 2007 die logische Folgerung. „Die prekäre Situation, in die unser Unternehmen in den letzten Monaten geraten ist, hat auch mich außerordentlich betroffen gemacht", teilte er per E-mail den Beschäftigten mit.

Gleichzeitig ließ er aber verlauten, „Eine persönliche Verantwortlichkeit mit Blick auf die laufenden Ermittlungen war nicht Grundlage meiner Entscheidung". Unterstützung erhielt er vom Siemens-Gesamtbetriebsrat, der ihm bescheinigte, für die Belange der Arbeitnehmer und den Standort Deutschland eingetreten zu sein. Aktionärsschützer begrüßten von Pierers Entscheidung und sahen darin für den Markt ein Signal, dass Vorstandschef Kleinfeld nun

freier agieren könne und den Konzernumbau schneller vo-
ranbringen werde.

Als Nachfolger des Aufsichtsratchefs wurde Gerhard
Cromme bestimmt, der in gleicher Position nicht nur bei
Thyssen-Krupp tätig ist, sondern auch noch in sechs weiteren Kontrollgremien von DAX-Unternehmen sitzt. Als
Vorsitzender des Prüfungsausschusses soll er sich bei Siemens um die Aufklärung der Schmiergeldaffäre kümmern.
Bekannt wurde Cromme im Jahr 1987, als er entschied, das
Hüttenwerk Duisburg-Rheinhausen aufzugeben und Thys-
sen in eine Fusion mit Krupp zu zwingen. Als Vorsitzender
der Corporate Governance Kommission bewährte er sich
und führte sie für Bundeskanzler Schröder zu einem Ergebnis (Tagesspiegel v. 21.4. 2007).

Jetzt überschlugen sich die Personalentscheidungen bei
Siemens, denn nur wenige Tage nach dem Rücktritt von
Pierers kündigte auch der Vorstandsvorsitzende Kleinfeld
seinen Rücktritt an. Die Art und Weise überraschte die
Mehrzahl der Mitarbeiter und macht ihnen nicht unbedingt
Hoffnung darauf, den Schmiergeldskandal schnell zu überstehen. Obwohl Kleinfeld noch gute Quartalsergebnisse für
die Bereiche verkünden konnte und Siemens als ein wun-
derbares und einzigartiges Unternehmen pries, tauchten
verschiedene Versionen über die Gründe seines Ausschei-
dens auf.

Indiskretionen der Aufsichtsräte Ackermann (Deutsche
Bank) und Cromme vor der Aufsichtsratsitzung sollen bereits von einer Nachfolgersuche gesprochen haben. Somit
blieb Kleinfeld nur noch der Weg in die Offensive übrig.
Ackermann will von solchen Unterstellungen nichts wissen
und versicherte, Kleinfeld habe nicht den Konzern verlassen

müssen. Der Aufsichtsrat habe vor der Verlängerung des Kleinfeld-Vertrages weitere Untersuchungen zu den Korruptionsvorwürfen abwarten wollen. Das habe aber nicht seinen Vorstellungen entsprochen, er habe deshalb seinen Rücktritt erklärt.

Siemens-Aufsichtsrat Huber von der IG-Metall bestätigte, dass man Kleinfeld zu diesem Zeitpunkt keinen neuen Vertrag über fünf Jahre geben konnte, weil der Bereich USA, für den Kleinfeld zuständig war, hinsichtlich der Korruptionsvorwürfe noch nicht untersucht worden war. Cromme als Leiter der Corporate-Governance Kommission wollte seinen Ruf nicht aufs Spiel setzen und einen Vertrag für einen Chef verlängern, von dem man nicht sicher weiß, ob er nicht doch in den Schmiergeldkonflikt verstrickt ist.

Als weitere Begründung für sein Handeln nannte Cromme den Rat der Anwaltskanzlei Debevoise & Plimpton, die dringend davor warnte, Kleinfelds Vertrag zu verlängern, da man nicht wissen könne, was in der Korruptionsaffäre noch zu Tage komme. Vor allem sollten die amerikanischen Behörden nicht gereizt werden. Die FAZ schilderte den Zustand des Konzerns am 6. Mai 2007 folgendermaßen: Korruption, schwarze Kassen, Tausende von verlorenen Arbeitsplätzen, illegale Preisabsprachen, Vorstände im Gefängnis, Wochen voller Intrigen und am Ende ein Unternehmen ohne Führung.

Josef Ackermann, Chef der Deutschen Bank und Aufsichtsratmitglied bei Siemens, ließ sich zu der Bemerkung hinreißen, „Wenn in der Deutschen Bank systematisch solche Dinge aufbrechen würden, würde ich morgen zurücktreten. Denn entweder war ich Teil davon, dann gehöre ich sowieso weg, oder ich habe es nicht gewusst, dann habe ich nicht geführt". Sowohl Arbeitgeber- als auch Arbeitnehmervertreter begrüßten deshalb, dass die Besetzung der vakanten Position des Vorstandsvorsitzenden nicht zu einer Hängepartie wurde und schnell eine Entscheidung getroffen wurde.

Inzwischen dürfte klar sein, dass Cromme einem schlechten Rat folgte, Kleinfelds Vertrag nicht zu verlängern, denn der amerikanische Aluminiumkonzern Alcoa berief Kleinfeld an die Spitze des Vorstands des weltweit drittgrößten Aluminiumkonzerns. Dieser US-Konzern ist an der Börse notiert und steht ebenso wie Siemens unter Aufsicht der Kontrollbehörde SEC. Diese hatte offensichtlich keine Bedenken, dass der Siemens-Mann einen Fünfjahresvertrag für den Vorstandsposten erhielt. Wurde Kleinfeld also unnötig ein Opfer wegen der Bedenken amerikanischer Anwälte?

Aufsichtsratchef Cromme war mit der Neubesetzung durch Merck-Vorstandsmitglied Peter Löscher eine Überraschung gelungen. Keiner der im Vorfeld genannten Namen hatte sich durchsetzen können, um den Posten bei Siemens zum 1.7. 2007 zu besetzen. Die Entscheidung soll einstimmig in einer Sondersitzung am Sonntag 20. Mai vom Aufsichtsrat getroffen worden sein. Der Österreicher Löscher bringe Auslandserfahrung mit, spreche fließend drei Sprachen und könne sich auch auf japanisch verständigen. Er war in verschiedenen Positionen für den Chemiekonzern Hoechst in den USA und in Spanien tätig und leitete dort den Gang an die New Yorker Börse.

Erfahrungen in einem weit verzweigten Technik-Konzern sammelte Löscher beim Siemens-Konkurrenten General Electric, dem er bis zum Jahr 2006 angehörte. Er ist in der über 160-jährigen Firmengeschichte der erste Nicht-

Siemensianer an der Spitze des Unternehmens, er diente sich nicht durch die Siemens-Standorte Erlangen und Berlin bis hinauf in die Konzernzentrale am Wittelsbacherplatz in München. Bisher war der Siemens-Konzern sehr in sich geschlossen, Löscher fehlt der „Stallgeruch", er muss sich erst eine Hausmacht verschaffen und für Akzeptanz sorgen.

Während seiner Zeit beim US-Pharmakonzern Merck hatte er Kontakte mit der mächtigen Börsenaufsicht SEC. Wegen deren Ermittlungen sahen manche Siemensianer die Existenz des ganzen Konzerns in Gefahr, und auch Aufsichtsrat-Chef Cromme wollte zu diesem Zeitpunkt nicht ausschließen, dass die Firma zerschlagen werde. Inzwischen hat der 50-jährige Löscher den Konzern im ersten Jahr nach seinem Amtsantritt radikal umgebaut. Er tauschte fast den gesamten Vorstand aus, der alte Vorstand, egal ob er durch die Schmiergeldaffäre belastet war oder nicht, musste zum Ende des Jahres 2007 gehen.

Löscher gab dem Konzern eine neue Struktur und schreckte nicht davor zurück, einen massiven Stellenabbau anzukündigen. In Vertrieb und Verwaltung sollen 1,2 Milliarden Euro eingespart werden, etwa 10 % der Gesamtkosten. Die Beschäftigten fürchten den Verlust von 15 Tausend Arbeitsplätzen. Neben der Reduzierung von zehn Sparten auf drei Großsektoren verkleinerte man auch das Führungsgremium radikal, die Doppelstruktur aus Divisionschef und Zentralvorstand wurde aufgehoben. Jetzt gibt es nur noch einen Verantwortlichen für das Geschäft, das soll auch zu schnelleren Entscheidungen führen.

Nicht zuletzt sollte die Berufung Löschers zum Konzernchef gegenüber der Securities and Exchange Commission (SEC), der US-Aufsichtbehörde für den Börsenhandel, Entgegenkommen demonstrieren. Ebenso hätte eine Verlängerung des Vertrages von Kleinfeld von der SEC als Zeichen mangelnder Aufklärung gewertet werden können. Seit der Notierung der Siemens-Aktie in New York gilt der Konzern als amerikanisches Unternehmen, im schlimmsten Fall droht der Ausschluss von der Börse, was gleichbedeutend wäre mit dem Vorenthaltung von Regierungsaufträgen. Um dies zu verhindern, ist das Unternehmen bemüht, sich mit der SEC zu einigen.

Deshalb überraschte die Meldung von der Einrichtung eines eigenen Vorstandsressorts zur Korruptionsbekämpfung im September 2007 nicht mehr so sehr. Gewonnen wurde für diesen Posten der US-Manager Peter Solmssen, der wie Löscher vom Siemens-Konkurrenten GE-Healthcare kommt. Der neue Chefjustitiar ist Jurist, studierte in Oxford und Harvard und gilt als hoch qualifiziert. Er war in der Deutsch-Amerikanischen Handelskammer tätig und spricht sehr gut deutsch. Sein Vater ist ebenfalls Jurist und verbrachte seine Kindheit in Berlin.

Nach seinem Berufsanfang in Amerika zog es ihn für die Jahre 1989 bis 1998 nach Frankfurt, um das Büro für die Anwaltskanzlei Lewis & Bockius aufzubauen. Kollegen schildern ihn als weltläufigen und entschlossenen Manager, der von dem langjährigen Chef des Vorzeigekonzerns General Electric, Jack Welch, abgeworben wurde. Dort lernte er in der Medizinsparte von GE seinen heutigen Chef Löscher kennen. Kaum war Löscher bei Siemens zum Vorstandsvorsitzenden berufen, folgte ihm Solmssen zum GE-Rivalen. Seine bei GE gesammelten Erfahrungen der Korruptionsbekämpfung werden als großer Vorteil bei Siemens gesehen. Mit der Schaffung des neuen Vorstandspostens untersteht die Anti-Korruptionseinheit mit Beginn des neuen Geschäftsjahres Solmssen. Seine Absicht bei Siemens ist es, dass sich die Hausjuristen stärker ins Geschäft einmischen. Er erzählt, wie sich amerikanische Unternehmen gefreut hätten, wenn die Europäer ohne Anwalt zu Verhandlungen gekommen seien. Solmssens Absicht ist es, dass künftig ein selbstbewusster Siemens-Jurist mit am Tisch sitzt. Auch die Idee des Amnestieangebots an jene Mitarbeiter, die bereit seien, Aussagen zu machen und damit von Schadensersatzforderungen und Kündigungen freigestellt wurden, ist aus den Erfahrungen des neuen Chefs entstanden.

4.1. Prozesse gegen Siemens-Manager

Im Dezember 2007 ermittelte die Staatsanwaltschaft München gegen rund ein Dutzend aktive und ehemalige Siemens-Mitarbeiter. Das Netz wurde immer enger, weil viele Beschuldigte in Untersuchungshaft bereit waren, mit der Staatsanwaltschaft zu kooperieren. Es zeigte sich immer deutlicher, dass bei Siemens, wie auch bei anderen deutschen Traditionsunternehmen, die Prinzipien des ehrbaren Kaufmanns vernachlässigt wurden und die ermittelnde Staatsanwaltschaft gar von einer Bande sprach, als die Zahl der Beschuldigten ständig anstieg. Die Führungsspitze bereitete sich nun darauf vor, selbst in die Ermittlungen der Staatsanwaltschaft zu geraten und organisierte den Beistand prominenter deutscher Strafverteidiger.

Konzernchef Klaus Kleinfeld gewann den Strafrechtler Volker Jung, der im Mannesmann-Prozess den Deutsche Bank-Chef Ackermann verteidigte. Aufsichtsratchef von Pierer nahm als juristischen Beistand Sven Thomas, der im Verfahren den ehemaligen Konzernchef Klaus Esser vertrat. Siemens-Sprecher wiesen darauf hin, dass die Kontakte zu diesen Anwälten schon vorher bestanden hätten. Mit der Verhaftung von Thomas Ganswindt, der noch bis September 2006 im Zentralvorstand des Konzerns saß, erreichte die Siemens-Schmiergeldaffäre eine neue Dimension.

Der bundesweit erste Prozess um die Bestechung von ausländischen Geschäftspartnern begann im März 2007 vor dem Darmstädter Landgericht. Ein führender Siemens-Mitarbeiter und späterer Berater der Firma gestand, zwischen 1999 und 2002 „nur eine gängige Praxis bei Siemens fortgeführt zu haben". Dabei ging es um die Zahlung von sechs Millionen Euro Schmiergeld, um an die Aufträge über 450 Millionen Euro für zwei Kraftwerke zu kommen. Daran beteiligt war auch der ehemalige Bereichsvorstand der Kraftwerkssparte von Siemens, der Anteil des Gesamtauftragswertes lag für Siemens bei mindestens 338 Millionen Euro.

Der 63-jährige räumte ein, die Zahlungen genehmigt zu haben. Provisionszahlungen seien im Hause Siemens im internationalen Geschäftsverkehr Praxis gewesen. Legten die Empfänger Wert darauf, dass der Name Siemens nicht erwähnt werde, habe man sich des Umwegs über Liechtenstein bedient, völlig legal. Die Schmiergeldzahlungen seien schon jahrelang ausgeführt worden, die Zahlungsvorgänge vielen Personen bei Siemens bekannt gewesen. Auch seien die Zahlungen nicht angeboten worden, sondern von den italienischen Enel-Vertretern gefordert worden.

Die Darmstädter Richter blieben mit dem Strafmaß hinter den Forderungen der Staatsanwaltschaft zurück und verurteilten den Ex-Finanzchef der Kraftwerkssparte KWU zu zwei Jahren Haft auf Bewährung und zu einer Zahlung in Höhe von 400 000 Euro an eine gemeinnützige Einrichtung. Der 73-jährige Siemens-Berater erhielt neun Monate auf Bewährung, das Gericht sah ihn „als verlängerten Arm" seines Vorgesetzten. Das Unternehmen soll als Ausgleich für die durch Bestechung erlangten Vorteile 38 Millionen Euro an die Staatskasse zahlen.

Sowohl Siemens als auch die Angeklagten wollen das Urteil beim Bundesgerichtshof anfechten. Das Verfahren könnte Rechtsgeschichte schreiben, denn das 1998 in Kraft getretene Internationale Bestechungsgesetz sieht Zahlungen an ausländische Amtsträger als strafbar an, nicht jedoch an Geschäftsleute. Die Aufträge von Enel an Siemens stammen aus den Jahren 1999 und 2000, damals war das Unternehmen bereits eine AG. Waren die Enel-Manager, die nach den Siemens-Geldern verlangten, Beamte? Nur dann mache der Prozess einen Sinn, so der Kölner Professor Cornelius Nestler als Rechtsbeistand des Siemens-Finanzchefs (Tagesspiegel v. 14.3.2007).

Auch der Vorsitzende Richter Rainer Buss räumte bei der Urteilsverkündung ein, dass die Rechtslage für Bestechungen im Ausland damals nicht eindeutig gewesen sei. Die Bestechung von Angestellten ausländischer Unternehmen sei erst seit dem Jahr 2002 im deutschen Strafgesetzbuch (Paragraph 299) ausdrücklich als rechtswidrig aufgeführt. Der ehemalige KWU-Finanzchef habe aber trotzdem klar gegen interne Regelungen für solche Zahlungen verstoßen, für deren Einhaltung er verantwortlich gewesen sei. Schon das Führen schwarzer Kassen sei strafbar gewesen. Der Oberstaatsanwalt konnte die Bewährungsstrafe schwer nachvollziehen, er hatte dreieinhalb Jahre Haft beantragt.

In einem weiteren Prozess im Juli 2008 vor dem Landgericht München zur Aufdeckung der Schmiergeldaffäre sagte noch einmal der frühere Antikorruptionsbeauftragte (Chief Compliance Officer) von Siemens, Albrecht Schäfer, als Zeuge aus. Siemens hatte Schäfer zunächst im Jahr 2007 nach 31 Dienstjahren fristlos gekündigt, weil er den Prüfungsausschuss des Aufsichtsrates nicht angemessen über die Korruptionsermittlungen mehrerer Staatsanwaltschaften unterrichtet haben soll. Die Kündigung war Ende 2007 zurückgenommen worden, Schäfer wurde das volle Vertrauen ausgesprochen

Als Zeuge brachte der Wirtschaftsjurist Schäfer jetzt seine Informationen in das Verfahren ein, und es entstand der Eindruck, dass Konzern- und Bereichsvorstände seit dem Jahr 2000 regelmäßig von verdächtigen Zahlungen in der Kommunikationssparte erfahren hatten. Schäfer bekräftigte, der Kampf gegen Beraterverträge habe bereits im Jahr 2000 begonnen, schon damals habe er ein erstes Rundschreiben verfasst. Scheinverträge mit Beratern waren ein wichtiges Instrument für die Abwicklung von Schmiergeldzahlungen. Seine Abteilung sei aber zu klein gewesen, um kontrollieren und vorbeugend tätig werden zu können.

Der damalige Finanzvorstand Neubürger habe ihn über auffällige Barzahlungen nach Nigeria informiert, nachdem die Wirtschaftsprüfungsgesellschaft KPMG zum Jahresabschluss 2003/04 darauf hingewiesen hatte. Seine Abteilung habe dem Vorstand klargemacht, es stünden Straftaten im Raum. Diese Aussage steht im Widerspruch zu Neubürgers Behauptung gegenüber der FAZ im Dezember 2006, die KPMG sei im Abschlussbericht zum Ergebnis gekommen, die Zahlung sei ordnungsgemäß gewesen (FAZ v. 18.7. 2008).

In einem anderen Fall habe er die Vorstände Neubürger und Radomski über Ermittlungen der Staatsanwaltschaft Liechtenstein im Zusammenhang mit Bankkonten und dem Verdacht der Verschleierung informiert, sagte Schäfer. Richter Noll zitierte die Antwort Radomskis, der bis Ende 2007 zur Leitung gehörte: „Was ist das schon wieder? Ich will keine Papiere mehr." Schäfer berichtete auch, er habe vorgeschlagen, die auf Mitarbeiter laufenden schwarzen Konten „zuzubuchen", d.h. auf Siemens umzuschreiben und damit zu legalisieren. Die Beraterverträge restlos zu kündigen, habe er empfohlen und Vorstand Ganswindt gebeten, darüber auch Herrn von Pierer zu informieren. Ob es zwischen den beiden Herren ein Gespräch gegeben hat, wisse er nicht (FAZ v. 18.7. 2008).

Ganswindt hat inzwischen seine Mitwisserschaft gestanden. Diesem und dem Finanzchef der Kommunikationssparte Kutschenreuter hatte Schäfer vergeblich vorgeschlagen, den Vertrag mit Siekaczek, der inzwischen gestanden hat, das System der schwarzen Kassen in der COM-Sparte aufgebaut zu haben, zu kündigen. Richter Noll erkundigte sich danach, warum gegen den Beschuldigten nicht Strafanzeige erstattet worden sei, wie es zwei Mitarbeiter Schäfers vorgeschlagen hatten. Schäfer sagte, er habe sich nicht vorstellen können, dass Siekaczek das Bestechungssystem ohne Rückendeckung und Anweisung von anderen aufgebaut habe. Es habe auch keine stichfesten Hinweise auf Korruption gegeben.

Der Prozess gegen den ehemaligen Siemens-Direktor und gelernten Industriekaufmann Siekaczek im Sommer 2008 gab noch einmal tiefe Einblicke in die jahrelange verwerfliche Praxis der schwarzen Kassen. Der Manager überraschte mit der Aussage, in seiner 38-jährigen Tätigkeit für Siemens das Wort Schmiergeld nur ganz selten gehört zu haben, es sei von „NA", den Nützlichen Aufwendungen die Rede gewesen. Als kaufmännischer Leiter, Mitte der neunziger Jahre, seien die Mitarbeiter zu ihm gekommen, um sich NA unterschreiben zu lassen, diese Beträge waren in den Büchern für Provisionen vorgesehen.

Die Begründungen für die Zahlung solcher Beträge war vielfältig, erst wurde gezahlt, um den Auftrag zu erhalten, dann für die Einfuhrgenehmigung in das Land. Das ging soweit, dass Mitarbeiter in Osteuropa oder Afrika sagten, unser Leben ist in Gefahr, wenn nicht gezahlt wird. Ab dem Jahr 2002 wurde Siekaczek zum Verwalter von 50 Millionen Euro Schmiergeld, und er war sich sicher, dass auch in anderen Unternehmensbereichen so verfahren wurde. Für den Treuhänder in Liechtenstein brauchte Siekaczek nur ein Papier, das seine Berechtigung nachwies, für Siemens Konten eröffnen zu dürfen.

Die Siemens-Rechtsabteilung hatte mit der Bestätigung dieses Verfahrens keine Schwierigkeiten. So habe er mehrere Male in der Schweiz oder in Liechtenstein Bargeld von einem Treuhänder erhalten und dann das Geld weitergereicht. Eine Million Euro passten bequem in eine Aktentasche. Dabei sei allen Managern klar gewesen, bis in die höchsten Ränge, etwas Strafbares zu tun. Er habe sich Kopien gemacht, die 39 Ordner füllen, um sich dagegen abzusichern, wenn eines Tages alles auf ihn abgeschoben werden sollte (Süddeutsche Zeitung v. 1.8. 2008).

Am 15. November 2006 um sechs Uhr früh erfüllten sich Siekaczeks Vorahnungen, die Staatsanwaltschaft München durchsuchte seine Wohnung, überraschenderweise war der

Manager bereit, das Schmiergeldsystem zu enttarnen. Er hatte bereits vorher mit seinem Anwalt über eine Selbstanzeige nachgedacht und war deshalb auch an der Aufklärung der Affäre interessiert. Besorgt um seine Sicherheit war Siekaczek, nachdem das „Wall Street Journal" Ende des Jahres 2007 die Liste der Schmiergeldempfänger in Libyen, Russland oder Nigeria veröffentlichte, die auf Grund seiner Aussagen aufgeflogen waren.

Nach der Verurteilung zu einer Bewährungsstrafe von zwei Jahren Gefängnis und zu einer Geldstrafe von 108 000 Euro hob der Richter ausdrücklich hervor, Siekaczek habe sich als Organisator und Verwalter schwarzer Firmenkassen wie ein „loyaler Siemensianer alten Schlages" benommen und stets getan, was Vorgesetzte von ihm erwarteten. Es gab einen Auftrag vom Bereichsvorstand, der zu erfüllen war. Groteskerweise sitze ein Ex-Direktor auf der Anklagebank und nicht die ganze Firma, in der sich ein System organisierter Unverantwortlichkeit und ein erodiertes Rechtssystem entwickelt habe.

In 49 Fällen in der Telekommunikationssparte habe der Manager fast 49 Millionen abgezweigt, um sie anderen Siemens-Angestellten für die Bestechung von Regierungen und Geschäftspartnern in aller Welt zur Verfügung zu stellen. Nach Angaben von Siemens sind konzernweit vom Jahr 2000 bis 2006 gut 1,3 Milliarden Euro in dunkele Kanäle geflossen, Siekaczek sei nur ein Rädchen in diesem System gewesen, hob der Richter hervor. Für die Bekämpfung von Korruption sei offenbar niemand zuständig gewesen, nahezu alle Kontrollinstanzen bei Siemens seien darauf abgestellt gewesen, schwarze Kassen und Korruption zu ermöglichen. Das ging so weit, dass die interne Unternehmensberatung des Konzerns die schwarzen Kassen in der früheren Tele-kommunikationssparte ignorierte, wie der frühere Manager im Rechnungswesen Mittelsteiner im Juni 2008 vor dem Münchner Landgericht als Zeuge aussagte. Die Siemens Management Consulting habe zwar mit mehreren Dutzend Mitarbeitern das frühere Festnetzsegment ICN nach Einsparmöglichkeiten durchforscht, die Schmiergeldzahlungen aber nicht wahrgenommen. „Mir ist auf jeden Fall bekannt, dass man sich den Titel der Provisionen nicht angeschaut hat", sagte der Zeuge (Tagesspiegel v. 6.6. 2008).

Nach der Aktion wurden die Kosten gesenkt und 20 000 Stellen abgebaut, doch die schwarzen Kassen hatten weiter Bestand, denn der Erfolg von ICN war zum Teil sehr stark von Korruptionszahlungen abhängig. Nachdem der frühere Manager Stotz einem ägyptischen Vermittler die bis dahin übliche Provision nicht mehr zahlte, brach das hochprofitable Geschäft regelrecht ein, zitierte die Staatsanwältin Bäumler-Hösl dessen Aussage. Nachdem Siekaczek Manager Stotz mit 200 000 Euro für den ägyptischen Partner ausgestattet hatte, „lief alles wieder wie geschmiert", zitierte die Staatsanwältin (ebd.).

Ein anderes Kuriosum spielte sich in der Compliance-Abteilung ab, die nicht nur von Schmiergeldzahlungen wusste, sondern Änderungen forderte, nachdem österreichische Banken Informationen über dubiose Geldtransfers verlangt hätten, so der frühere Manager Heinz Keil von Jagemann, ein Kollege von Reinhard Siekaczek, gegen den ebenfalls ermittelt wird. Die frühere Kommunikationssparte COM wickelte einen Großteil ihrer Korruptionszahlungen über Österreich ab, jeder Bereich habe „eigene Modelle" betrieben, wie die Staatsanwältin erläuterte.

Jagemann berichtete, zwei Kollegen aus der Compliance-

Abteilung hätten gefordert, die Schmiergeldzahlungen zu reduzieren. Bis zum Jahr 2001 seien 30 % des Auftragswertes üblich gewesen. Von diesem Zeitpunkt an hätten die Korruptionsbekämpfer fragwürdige Provisionen von fünf bis sechs Prozent als „sittlich gerechtfertigt" angesehen. Davor habe Jagemann große Mengen von Bargeld und Überweisungsträgern in schweren Pilotenkoffern nach Österreich gebracht. „Ich hätte mir fast einmal einen Rückenschaden zugezogen", so der Beschuldigte. Er versicherte, diese Praktiken seien auch den Wirtschaftsprüfern bekannt gewesen, „die KPMG kannte das Thema" ebenso, wie der Ex-Bereichsvorstand Lothar Pauly (Tagesspiegel v. 29.5. 2008). Bedauerlicherweise habe Siekaczek nicht erkannt, dass die Anweisungen offenkundig illegal und damit nicht wirksam gewesen seien. Nicht einmal ein Konzernvorstand habe die Befugnis, Mittel abzuzweigen, da es sich um das Geld der Aktionäre handele. Die Millionenbeträge, die der Verurteilte mit Scheinverträgen, Scheinrechnungen und über Scheinfirmen aus dem Unternehmen herausgeschleust habe, seien der Kontrolle des Konzerns entzogen worden. In mindestens einem Fall habe sich ein hochrangiger Manager, der frühere COM-Chef in Griechenland, persönlich bereichert.

Während des Prozessverlaufs sei der Verdacht entstanden, der gesamte Zentralvorstand habe Bescheid gewusst. Akribisch listete das Gericht die Schäden auf, die durch die Korruptionsaffäre entstanden sind. Neben dem beträchtlichen Imageverlust des Konzerns seien bereits Strafen ausgesprochen, andere würden noch folgen für den „ungenierten Griff in fremde Kassen". Siemens habe bestochen und betrogen, um den Auftraggebern überhöhte Preise abrechnen zu können.

Viele Manager seien als Zeugen geladen worden, hatten es

aber vorgezogen, sich auf ihr Zeugnisverweigerungsrecht zu berufen, um sich nicht selbst zu belasten. Das Gericht wies darauf hin, man hätte es gut gefunden, wenn die Verantwortlichen auch Verantwortung übernommen hätten, denn etliche Indizien würden darauf verweisen, dass Ex-Vorstände aller Hierarchiestufen Mitschuld trügen. Bis zur Klärung aller Verantwortlichkeiten werde es noch bis zu drei Jahren dauern und mehrerer Prozesse bedürfen.

Oberstaatsanwalt Winkler kündigte zwei weitere Strafverfahren für den Herbst an, die Justiz ermittele inzwischen gegen rund 300 Personen in der Schmiergeldaffäre, darunter sind vier ehemalige Zentralvorstände und mehrere Ex-Bereichsvorstände. Die erwarteten Anklagen gegen Manager werden den Druck auf diese Berufssparte in Deutschland erhöhen. Zusätzlich hat der Siemens-Konzern entschieden, Schadensersatzklagen gegen ehemalige Siemens-Vorstände anzustreben.

4.2. Bedeutung von Compliance bei der Neuaufstellung der Siemens AG

Mit Beginn des Geschäftsjahres 2007/08 stellte die Unternehmensführung im Oktober 2007 den Neuaufbau der Siemens AG vor. In Zukunft werde es drei Sektoren geben: Industry, Healthcare und Power. Die Führung jedes Sektors werde unmittelbar bei einem Mitglied des Vorstandes liegen. Das Vertrauen wieder herzustellen, die Krise als Chance zu nutzen, zu einem führenden Unternehmen in Sachen Transparenz und Integrität zu werden, müsse das Ziel sein, so der neue Vorstandsvorsitzende Löscher. Die

Aufarbeitung des Korruptionsskandals erfahre eine große öffentliche Wahrnehmung.

Der Aufsichtsrat der Siemens AG berief mit Wirkung zum 1. Oktober Peter Y. Solmssen zum Vorstandsmitglied und Chefjustitiar des Unternehmens. Die Position des Chief Compliance Officer wurde durch Andreas Pohlmann neu besetzt. Sämtliche Revisionsfunktionen im Konzern wurden unter Leitung von Hans Winters als Chief Audit Officer unter dem Finanzvorstand Joe Kaeser zusammengelegt. Compliance bedeute die Einhaltung von Recht und Gesetz und der damit verbundenen internen Regeln und Richtlinien wie der Business Conduct Guidelines (Siemens Welt 10/2007, S. 1).

Corporate Responsibility und Compliance werden als feste Bestandteile der Unternehmenskultur und aller Geschäftsprozesse betrachtet. Diesen Grundsatz betonten die ca. 140 Teilnehmer auf der viertägigen Tagung der weltweiten Compliance-Organisation in Berlin. Dazu beitragen soll die Position des Compliance Officer zum Vollzeitjob, der Vorstandsvorsitzende Löscher hob noch einmal die Bedeutung der Einhaltung des Regelwerkes für saubere Geschäfte hervor.

Es werde keine Kompromisse geben, und an die Compliance Officer der einzelnen Bereiche richtete Löscher den Appell, als Partner der Geschäftsverantwortlichen treibende Kraft zu sein und die Werte im Alltag zu leben. „Konsistentes, von Werten getriebenes Handeln aller Führungskräfte rund um den Globus – das muss unser Ziel sein" (Siemens Welt 11/2007, S.2). Peter Solmssen, seit Oktober 2007 verantwortlich für das Ressort Recht und Compliance, betonte „[…] Wenn wir hier über eine neue Kultur sprechen, dann sprechen wir zuallererst über eine neue Geschäftskultur, und Compliance ist ein fester Bestandteil darin".

Auch Finanzvorstand Kaeser sagte die volle Unterstützung des Top-Managements zu und verwies darauf: „Neben den Kosten für die Aufarbeitung der Strafen geht es vor allem auch um den Ruf des Unternehmens. Diesen können wir nicht mit Geld kaufen. Er ist unbezahlbar" (ebd.). Der neue Chief Compliance Officer Pohlmann, der bei der Celanese AG für die Gebiete Recht, Corporate Governance, Compliance, Risikomanagement und Personal zuständig war, erläuterte, wie die weltweit agierende Siemens AG zukünftig kontrolliert werden soll. Für die Umsetzung des Compliance-Programms, das Siemens zu einem Vorbild in Sachen Corporate Resposibility machen soll, sei das Management in den Geschäften und Funktionen verantwortlich. Dieses müsse sicherstellen, dass die Geschäfte höchsten ethischen Ansprüchen genügten und die Regeln eingehalten würden.

Dies setze voraus, dass die weltweite Compliance-Organisation selbstverständlicher Teil des Geschäfts und Partner für die operativen Einheiten sei. Für diese Umsetzung müsse noch viel getan werden, die globale Compliance-Organisation müsse weltweit aufgebaut werden und organisatorisch weiter gestärkt werden. Hierfür brauche man hervorragende und motivierte Mitarbeiter. Sie müssen für Integrität und verantwortungsvolles Handeln stehen, denn Corporate Responsibility müsse künftig in den Personalentwicklungsprogrammen eine zentrale Rolle spielen. Ganz besonders wichtig werde es sein, im Unternehmen die Kommunikation zu Compliance zu forcieren. Dieses Thema müsse normaler Bestandteil der zukünftigen Arbeit werden. „Wir arbeiten hart daran, die Vorgänge der Vergangenheit aufzuklären, und daran, dass wir zukünftig bei Corporate Responsibility und Compliance zu den Besten der Welt gehören".

Auch der scheidende Personalvorstand Radomski und sein Nachfolger Zentralvorstand Hiesinger berichteten im Oktober 2007 auf der Siemens Business Conference, Voraussetzung für eine Hochleistungskultur des Unternehmens seien Führungskräfte, die als Vorbild die Werte lebten und verbreiten. Hiesinger erinnerte auf dieser Konferenz, Siemens strebe Höchstleistungen mit besten Ergebnissen an, dieses Ziel verpflichte das Unternehmen gleichzeitig zu ethischem und verantwortungsvollem Handeln. Besonders in einer Zeit, in der Gerüchte und vereinzelte Informationen über das Unternehmen kursierten, sei es entscheidend, dass die Führungskräfte die Werte annähmen, lebten und sie den Mitarbeitern in allen Regionen und Bereichen weltweit in direktem Kontakt vermittelten (Siemens Welt Extra, Oktober 2007, S. 2).

Auf der Betriebsrätekonferenz Ende 2007 war Compliance ein Thema, der Gesamtbetriebsratsvorsitzende Heckmann betonte die vorbehaltlose Unterstützung bei der Aufklärung aller Vorgänge und Vergehen. Er rief die Arbeitnehmervertreter auf, dazu beizutragen, dass sich solche Ereignisse nicht wiederholten und sprach die kaum absehbaren Konsequenzen für Arbeitsplätze, Geschäftsbereiche und Standorte an. Es ist zu vermuten, dass eine der Folgen aus dem unverantwortlichen Handeln von wenigen leitenden Führungskräften der Abbau einiger tausend Arbeitsplätze sein wird.

Um die Bedeutung der Bekämpfung der Korruptionsproblematik herauszustellen, betonte der Siemens-Chefjustitiar Peter Solmssen, das Unternehmen habe jetzt als eines der ersten DAX-Konzerne ein eigenes Vorstandsressort für Recht und Compliance geschaffen. Kritisch merkte er aber auch an, dass in großen Unternehmen eine solche Funktion seit langem üblich sei. Juristen würden zum festen Bestandteil des Geschäfts in den Divisionen gehören und übernähmen in ihrer neuen Rolle als Geschäftsverantwortliche Führungsfunktionen.

Solmssen sieht in der Einführung von Compliance auch keine Benachteiligung gegenüber Konkurrenten. Nachhaltige Geschäfte seien saubere Geschäfte, es müsse ein für alle Mal mit dem Mythos aufgeräumt werden, dass es ohne Korruption nicht gehe. Es gebe nicht so viele Anbieter auf dem Markt mit dem gleichen Produktspektrum. Wenn hier im Schulterschluss kooperiert werde, könne in kurzer Zeit viel geändert werden (Siemens Welt 1/2008, S.1). Vorstandschef Löscher ergänzt, Siemens werde zum Katalysator werden, weltweit werden in Zukunft mehr Konzerne einen Wertekanon umsetzen.

Unterstützung finden diese Überlegungen auch in anderen Branchen, wie dem Maschinenbau. Diskussionen, ob deutsche Firmen im Großanlagenbau auf Märkten wie China, Russland, Brasilien und Indien sauber bleiben könnten, werden nun von Überlegungen überdeckt, es könnte zu langwierigen Prozessen und belastenden Schlagzeilen, zu horrenden Anwaltskosten und einer drohenden Milliardenstrafe kommen, wie sie Siemens treffen könnte. Der Chefjustiziar eines Maschinenbauers erklärt, der Fall Siemens habe seinem Unternehmen als Abschreckung gegolten, Führungskräfte würden jetzt die Risiken für das Unternehmen und sich selbst besser einschätzen können (Zeit v. 19.6. 2008).

5. Schadensersatz-Forderungen der neuen Leitung

Jüngste Berichte der Anwälte von Debevoise & Plimpton belegen, dass fast der gesamte Siemens-Konzern schmutzige Geschäftspraktiken anwandte. In nahezu allen Geschäftsfeldern wurden die von Siemens beauftragten Anwälte auf Verstöße gegen Anti-Korruptions-Vorschriften fündig. In sechs von einst zwölf Geschäftsfeldern ermittelt die Münchner Staatsanwaltschaft, mit der jahrelangen illegalen Unterstützung der AUB befassen sich die Strafverfolger in Nürnberg. Die Aufarbeitung der Skandale und das Beseitigen von Schwachstellen im Kontrollsystem haben schon mehr als 650 Millionen Euro gekostet (www.faz.net v. 1.5. 2008).

Zu diesem Aufwand für die Unterstützung von außen kommt noch das auf über 500 Mitarbeiter aufgestockte Personal der Compliance-Abteilung, das mit der Überwachung von Gesetzen und Unternehmensrichtlinien beschäftigt sein wird. Der Leiter der Compliance-Abteilung Pohlmann prangerte das Versagen der früheren Konzernführung an und drängte darauf, die Verantwortung zu klären. Auch Löscher und Cromme forderten die Aufklärung der dunklen Vergangenheit, doch der Tag der großen Abrechnung lässt weiter auf sich warten, obwohl neue Erkenntnisse über ehemalige Vorstände vorliegen.

Hohe Erwartungen lasten auf dem Aufsichtsrat, erwartet wird von ihm, Konsequenzen aus den Ermittlungsergebnissen zu ziehen und Schadensersatzforderungen zu stellen. Dabei geht es nicht darum, überstürzt ein Exempel zu statuieren. Es geht darum, den obersten Führungskräften klar zu machen, dass sie als ehemalige Konzernvorstände dafür verantwortlich sind, wenn sie in ihrem Geschäftsbereich das kriminelle Treiben nicht bemerkt haben. Aktionäre und die amerikanische Börsenaufsicht SEC warten auf Taten der neuen Führung, sie wollen wissen, wer aus dem alten Vorstand verantwortlich ist, Schadensersatzforderungen könnten die Folge sein (ebd.).

Ein verdienter Mitarbeiter in leitender Stellung, den nun die Vergangenheit einholen könnte, ist der 73-jährige Günter Wilhelm. Sein Berufsleben von 42 Jahren hat er bei Siemens verbracht, er ist vom Elektroingenieur zum Mitglied des Zentralvorstands aufgestiegen. Seit 1992 war er unter anderem für die Geschäfte im asiatisch-pazifischen Raum zuständig und wurde im Jahr 2000 ehrenvoll verabschiedet. Jetzt bekam der Pensionär von der neuen Siemens-Führung die Mitteilung, gegen ihn bestünden Schadensersatzansprüche bis zu 50 Millionen Euro.

Hintergrund ist die AUB-Affäre, die bereits in einem vorderen Kapitel abgehandelt wurde. Wilhelm soll bei Siemens dafür gesorgt haben, dass die Betriebsräteorganisation AUB vom Konzern verdeckt finanziert wurde, um ein arbeitgeberfreundliches Gegengewicht zur IG-Metall zu schaffen. Vom Jahr 1991 bis 2006 flossen 50 Millionen an Schelsky, den Chef der AUB. Der jetzige Siemens-Aufsichtsrat zog die Anwaltskanzlei Hengeler Mueller zu Rate, deren Gutachten empfiehlt, die genannte Summe als Schadensersatzanspruch von Wilhelm zu fordern. Was tatsächlich gefordert wird, soll sich nach dessen Vermögenslage richten.

Damit bekommt das Wort „Managerhaftung" in diesem Fall eine nachvollziehbare Größenordnung. Vom Ex-Manager Feldmayer, der dem Zentralvorstand von 2003 bis 2007 angehörte, fordert das Unternehmen 20 Millionen Euro zurück, falls die Versicherung nicht zahlt. Auch auf die Altersversorgung der beiden Ex-Manager, die bei Siemens-Vorständen in der Regel 28% der letzten Grundvergütung beträgt, soll nach dem Willen des Aufsichtsrates Zugriff genommen werden. Es würde ein Teil der Betriebsrente als Schadensersatz einbehalten werden.

Der Siemens-Aufsichtsrat beschloss am 29. Juli 2008 gegen elf ehemalige Zentralvorstände Schadensersatzforderungen zu stellen, die Versammlung wirkte einig und geschlossen in der Vorgehensweise. Später, bei den Gesprächen auf dem Gang, war es schon mit der Einigkeit zwischen Kapital- und Arbeitnehmerseite vorbei. Bei Feldmayer und Wilhelm werde man keine Zugeständnisse machen, so ein Gewerkschafter. Vertreter der anderen Seite argumentierten, nicht bereit zu sein, den Leuten das letzte Hemd auszuziehen (Süddeutsche Zeitung v. 31.7. 2008).

Von Firmenseite wird argumentiert, bei der Geltendmachung von Ansprüchen bleibe der Gesellschaft schon aus rechtlichen Gründen und aus der Verpflichtung gegenüber ihren Eigentümern keine andere Wahl, als auf Schadenersatz zu drängen. Das Unternehmen begründet die Ansprüche mit der Verletzung von Organisations- und Aufsichtspflichten vor dem Hintergrund des Vorwurfs illegaler Geschäftspraktiken und umfangreicher Bestechungen im ausländischen Geschäftsverkehr in den Jahren 2003 bis 2006 und den daraus folgenden finanziellen Belastungen des Unternehmens. In der „Siemens Welt" vom August 2008 berichtet das Unternehmen über Schadensersatzforderungen an ehemalige Zentralvorstände:

„Die Ansprüche richten sich auf Basis des jetzigen Kenntnisstands gegen die Herren Prof. Johannes Feldmayer,

Dr. Thomas Ganswindt, Dr. Klaus Kleinfeld, Prof. Dr. Edward G. Krubasik, Rudi Lamprecht, Heinz-Joachim Neubürger, Prof. Dr. Heinrich v. Pierer, Dr. Jürgen Radomski, Dr. Uriel Sharef und Prof. Dr. Klaus Wucherer. [...] Die Gesellschaft wird darüber hinaus ihre ehemaligen Mitglieder des Zentralvorstandes Prof. Johannes Feldmayer und Dr. Günter Wilhelm auf Ersatz der Schäden in Anspruch nehmen, die durch die Zahlungen an Schelsky oder dessen Firmen entstanden sind. Die genannten ehemaligen elf Mitglieder des Zentralvorstands werden Gelegenheit erhalten, zu den Vorwürfen Stellung zu nehmen, bevor Schadensersatzklagen erhoben werden".

Einer der erfahrensten deutschen Gesellschaftsrechtler, Hoffmann-Becking, erläutert dazu, viele Haftungsfälle würden geräuschlos durch Vergleich erledigt. Mit einem ganzen Stab von Mitarbeitern hat er geprüft, ob und wie der Münchner Konzern den früheren Vorstand, einschließlich der früheren Vorstandschefs Heinrich von Pierer und Klaus Kleinfeld, auf Schadenersatz verklagen könnte. Das Ergebnis der Kanzleiberatungen war, dass Klagen Aussicht auf Erfolg haben könnten, die Zentralvorstände müssten sich darauf einstellen, mit dem eigenen Vermögen für den Schmiergeldskandal gerade zu stehen. Das Haftungsrisiko von Aufsichtsräten, Vorständen und Geschäftsführern sei größer geworden, denn „persönliche Verantwortung" sei nicht nur eine Phrase.

Die Gerichte hätten „die Zügel angezogen", die alten Honoratioren-Generation sei in den Aufsichtsräten kaum mehr anzutreffen, und auch die Zeit der Nichtangriffspakte in den Kontrollgremien sei vorbei (Süddeutsche Zeitung v. 24.7. 2008). Je größer der Schaden, umso wahrscheinlicher sei es, dass die Sache ohne Aufhebens erledigt werde. Hoffmann-Becking hat in mehreren Gutachten Aufsichtsräten in anderen Unternehmen davon abgeraten, gegen den Vorstand vorzu-gehen, weil große Nachteile für den Betrieb drohten, wenn die Probleme publik würden. Bei Siemens gelten inzwischen andere Normen, der Streit wird öffentlich ausgetragen.

Auch mit Blick auf die von der amerikanischen Börsenaufsicht SEC erwartete Strafe, die in Milliardenhöhe liegen könnte, findet der Reinigungsprozess öffentlich statt. Fraglich ist, wie die Schadensersatzforderungen behandelt werden. Siemens und auch die anderen DAX-Unternehmen haben eine „Di-rectors and Officers Liability Insurance" abgeschlossen, die für einen Schaden bis zu 250 Millionen Euro aufkommt. Konsortialführer dieser Vermögensschaden-Haftpflichtver-sicherung für das Siemens-Management ist die Allianz-Ver-sicherung, deren Chef Michael Diekmann im Aufsichtsrat des Konzerns sitzt und den Beschluss, Schadensersatz zu fordern, mitgetragen hat (ebd.).

Der Düsseldorfer Fachanwalt Sieg erläutert dazu, es könne davon ausgegangen werden, dass die betroffenen Manager bei Vergleichen oftmals nicht mit dem eigenen Vermögen hafteten. Ein Großteil der Schadensfälle werde zwischen Versicherer und Anspruchsteller „einvernehmlich und wirt-schaftlich vernünftig beendet". In den Fällen von Ex-Manager Wilhelm und Feldmayer könnte das bedeuten, wenn Vor-satz oder grobe Fahrlässigkeit nachgewiesen werden, lehnen die Versicherungen meistens ab, zu zahlen. Damit rechnet man im Siemens-Aufsichtsrat, gleichzeitig deuteten Vertre-ter der Arbeitnehmerseite im Aufsichtsrat an, sich nicht auf Vergleiche einlassen zu wollen, die Ex-Führungskräfte schonten.

Erste Reaktionen der Beschuldigten liegen vor. Der Kölner Anwalt Seibert, der von Pierer verteidigt, sprach von einer Kriegserklärung des Unternehmens hinsichtlich der Schadensersatzforderung gegen seinen Mandanten, dieser habe mit großem Bedauern auf die Entscheidung reagiert. Von Pierer sagte, er werde sich gegen die Vorwürfe, seine Amtspflichten vernachlässigt zu haben und gegen die Schadensersatzforderungen zur Wehr setzen, er sei von den Anschuldigungen sehr betroffen.

Kann man dem Unternehmen mit der Zivilklage gegen die ehemaligen Vorstände den Vorwurf machen, es sei ein Ausdruck von Missgunst, Rachsucht oder der Suche nach einem Sündenbock? Wohl eher nicht, die Klage entspricht der geltenden Rechtslage, wer einen Schaden rechtswidrig verursacht, muss dafür haften. Die Kosten summieren sich, es sind inzwischen viele hundert Millionen Euro, die für Geldbußen, Gewinnabschöpfung und Anwaltskosten aufgewendet wurden.

Das Haftungsrisiko der Führungskräfte wird zum großen Aufschrei führen, denn nur wer nichts macht, mache keine Fehler, wird es von Verteidigerseite heißen. Die Risikobereitschaft der Manager werde darunter leiden, wenn die Haftung für operatives Handeln nicht einmal durch eine „Directors and Officer-Versicherung" gedeckt sei. Manager, die kein Risiko eingingen, seien schlechte Manager. Dabei wird aber übersehen, dass bei Siemens bewusst gegen geltendes Recht verstoßen wurde, kriminelles Handeln ist zum Geschäftsmodell gemacht worden (Süddeutsche Zeitung v. 30.7. 2008).

Grundlage für die Schadensersatzklage ist der Vorwurf, der Siemens-Vorstand habe nicht unklug oder unrichtig, sondern rechtswidrig gehandelt oder solches Handeln zumindest geduldet und gefördert. Die Kläger werden auf die Erkenntnisse und Ergebnisse der vorangegangenen Prozesse zurückgreifen. Auf einen Deal, wie er im Strafrecht üblich geworden ist, werden sich die Zivilkläger nicht einlassen können, weil das eine Pflichtverletzung gegenüber den Aktionären wäre, die zivilrechtlichen Folgen für die Ex-Vorstände könnten sich bitterer als die strafrechtlichen auswirken (ebd.).

Inzwischen dürfen die Ex-Manager Einblick in die Prüfberichte nehmen, die Notizen dienen dem heutigen Aufsichtsrat als Grundlage für die Forderungen gegen die ehemaligen Vorstände, außerdem gibt es gegen bestimmte Personen Beschuldigungen für angeblich persönliche Fehler und Vergehen. Auch der ehemalige Vorstandsvorsitzende von Pierer gehört dazu, ihm wird ein Vertrag angelastet, den das Unternehmen mit einem Geschäftsmann aus dem Nahen Osten abgeschlossen hatte. In den Jahren 2001 bis 2006 sei ein Honorar von 600 000 Euro gezahlt worden, dafür habe es keine Rechtsgrundlage gegeben.

Für die Zahlungen ab 2003 könnte Siemens Schadenersatz fordern, das besagen die bisherigen Prüfergebnisse, zumal von Pierer bei den internen Ermittlungen bei Siemens eingeräumt hat, von dem Beratervertrag gewusst zu haben. Anhaltspunkte für eine Schadenersatzpflicht biete der Paragraf 93 des Aktiengesetzes, der davon spricht „Vorstände hätten die Sorgfalt eines ordentlichen und gewissenhaften Geschäftsleiters anzuwenden" (Süddeutsche Zeitung v. 1.8. 2008).

Ein Firmensprecher bestätigte nun, dem langjährigen Konzernchef von Pierer sei der Zugang zu seinem Büro verwehrt, er müsse sich am Empfang melden, wenn er ins

Haus wolle. Gleiches gelte für zehn andere Ex-Manager. Der ehemalige Mister Siemens ist damit zur persona non grata gestempelt worden, das gilt vor allem, seitdem die Konzernspitze beschloss, die früheren Leitungskräfte für mögliche Verfehlungen in Regress zu nehmen. Mit dem Hausverbot soll verhindert werden, dass die Beschuldigten Zugang zu internen Informationen des Unternehmens erhalten, die Gegenstand der Klagevorbereitung sind (Tagesspiegel v. 20.9. 2008).

In der Zwischenzeit, so glaubt das Unternehmen, hätten sich auch Anhaltspunkte für mögliche Pflichtverletzungen von Pierers während seiner Zeit als Aufsichtsratschef ergeben. Zwischen den Jahren 2003 und 2006 hätten er und sein Aufsichtsratskollege Karl-Hermann Baumann in Vorstandssitzungen „wichtige Tatsachen" über die Einhaltung von Unternehmensregeln erfahren, diese aber nicht an den Prüfungsausschuss weitergeleitet. Der Bonner Wirtschaftsrechtler Fleischer beschreibt eine mögliche Pflichtverletzung in seinem Gutachten für den Siemens-Aufsichtsrat: „Die Überwachungspflicht des Aufsichtsrats erstreckt sich auch auf die ordnungsgemäße Wahrnehmung der Compliance-Aufgabe durch den Vorstand" (Süddeutsche Zeitung v. 1.8. 2008).

Auch bei dem Ex-Vorstand Uriel Sharef, der unter anderem für das Amerika-Geschäft zuständig war, werden die Verhaltensweisen genau geprüft. Er soll eine fragwürdige Zahlung nach Argentinien über 4,7 Millionen Euro veranlasst haben. Außerdem gebe es darauf Hinweise, dass Sharef weitere Zahlungen über 9,6 Millionen Dollar nach Argentinien genehmigt habe, die nicht in Ordnung gewesen seien. Zudem verdächtigt ihn die Münchner Staatsanwaltschaft, in Korruptionsdelikte in Südamerika verwickelt zu sein (ebd.).

Die bisher geführten Prozesse haben aber auch deutlich gezeigt, wie tief verwurzelt das System der schwarzen Kassen bei Siemens war. Es stimmt eben nicht, wie vom ehemaligen Vorstandschef von Pierer und einigen seiner Vertrauten verbreitet, dass diese Praxis nur von einigen Irregeführten in Anspruch genommen wurde und der Siemens-Familie bedauerlicherweise Schaden zugefügt wurde, „denn das Geschwür der Korruption hatte sich durch fast die gesamte Organisation gefressen" (Süddeutsche Zeitung v. 29.7. 2008).

Obwohl etliche Details der Affäre aufgedeckt sind und weitere Prozesse gegen hochrangige Manager anstehen, die in guten Zeiten Millionen verdienten, lassen diese heute Größe vermissen. So blieb es den Richtern überlassen festzustellen, sie hätten es gut gefunden, wenn die Verantwortlichen auch nach Aufdeckung des Skandals Verantwortung übernommen und ausgesagt hätten. Doch zugegeben würde immer nur das, was sich sowieso nicht mehr abstreiten ließe, in den nächsten Wochen müsse mit neuen Anklagen gerechnet werden.

5.1. Verantwortung von Wirtschaftsprüfern und Managern

Nur am Rande des Schmiergeldskandals wurde bisher die Rolle der Wirtschaftsprüfer im Siemens-Skandal thematisiert. Sie werden öffentlich bestellt und sollen die Jahresabschlüsse von mittleren und großen Unternehmen prüfen.

Übersteigt die Bilanzsumme vier Millionen Euro, ist der Umsatz höher als acht Millionen Euro und werden mehr als 50 Personen beschäftigt, müssen sie sich kontrollieren lassen, wenn mindestens zwei dieser drei Kriterien zutreffen. Dabei steht es den Unternehmen frei, den Prüfer zu wählen, den sie selbst bezahlen müssen.

Die Prüfung beschränkt sich in der Regel auf Stichproben, ist der Prüfer mit der Bilanz einverstanden, erhält das Unternehmen ein uneingeschränktes Testat. Hat der Prüfer Einwände, ändert er die Bilanz und vergibt auch dann ein uneingeschränktes Testat. Fälle, in denen das Testat eingeschränkt oder gar versagt wurde, sind kaum bekannt. Es wird nur kontrolliert, ob die Zahlen ein wahres Bild der Lage geben, die kann auch düster oder ausweglos sein. Außerdem bleibt festzustellen, dass kein Wirtschaftsprüfer den Abschluss eines Weltunternehmens vollständig nachrechnen kann.

Derzeit arbeiten 13 206 Wirtschaftsprüfer in Deutschland, hinzu kommen 3 940 vereidigte Buchprüfer, die nur mittelgroße Unternehmen prüfen dürfen. Das Examen vor der Wirtschaftsprüferkammer gilt als eines der härtesten. Im Jahr 2007 haben es nur 52,4 % der Kandidaten im ersten Anlauf bestanden. Bei der Kammer sind 2 444 Prüferfirmen registriert, von denen vier Branchenriesen den Markt dominieren: PricewaterhouseCoopers (PwC), KPMG, Ernst & Young und Deloitte Touche Tohmatsu.

Skandale bei der IKB, Sachsen LB und Siemens werfen Fragen nach der Kompetenz und Moral einer Berufsgruppe auf, die im öffentlichen Interesse für verlässliche und glaubhafte Zahlen im Wirtschaftsleben sorgen soll. Warum fällt es den Prüfern über Jahre nicht auf, wenn bei Siemens eine Milliardensumme mit Scheinrechnungen von weißen in schwarze Kassen transferiert wird? Es hätte doch auffallen müssen, wenn Millionenbeträge einem Konto entnommen werden. Die nach PwC größte Prüfungskammer in Deutschland ist KPMG, ihre Wirtschaftsprüfer kassieren von Siemens jährlich ca. 90 Millionen Euro für ihre Dienste. Die Prüfer beanstandeten im Jahr 2003 beleglose Bargeldzahlungen von vier Millionen Euro nach Nigeria. Auch im Jahr 2006 fielen merkwürdige Provisionen auf, die über die Schweiz abgewickelt wurden, das ganze Ausmaß der Korruptionsaffäre blieb den Prüfern aber verborgen. Hätte man für die hohen Gebühren nicht mehr Wachsamkeit und Kontrolle erwarten können?

Im Jahr 2008 musste ein Chefprüfer der KPMG vor dem Landgericht München aussagen, er beklagte sich darüber, von Siemens-Managern der Festnetz-Sparte für Telefone getäuscht worden zu sein. Die hätten sich zusammengetan, um Kontrollen zu umgehen, der Prüfer versicherte, seine Pflichten vollumfänglich erfüllt zu haben. Das Aufspüren von Straftaten gehöre nicht zu den Aufgaben eines Wirtschaftsprüfers. Das stimmt insofern, dass das Gesetz ihm nicht auferlegt, nach Betrügereien, Bestechungen und Unterschlagungen zu fahnden. Er darf aber bei seinen Prüfungen auch nicht ausblenden, dass er es mit Wirtschaftskriminellen zu tun haben könnte (Zeit v. 14.8. 2008).

Der Prüfer soll laut § 317 des Handelsgesetzbuches so vorgehen, dass Unrichtigkeiten und Verstöße, die sich wesentlich auf das Vermögen und die Erträge auswirken, ,,bei gewissenhafter Berufsausübung erkannt werden''. Bei Beträgen wie bei Siemens muss nachhaltig geprüft werden, im Unternehmen sieht man das genauso und trägt sich mit einem Wechsel von KPMG, entschieden wird dies auf der nächsten Hauptversammlung (ebd.).

„Wer die Moral vernachlässigt, schadet in der Konsequenz auch der Profitabilität", äußerte vor Jahren Herr von Pierer. Trotzdem scheint es in dem von ihm geführten Unternehmen getrennte Unternehmenskulturen gegeben zu haben. Extreme Zielvorgaben verführen Vertriebsleute und Einkäufer dazu, einen Auftrag unter allen Umständen zu akquirieren. Dabei sind sie ständig Versuchungen ausgeliefert. Ist es nicht ein Widerspruch, wenn man Führungskräfte unterschreiben lässt, dass sie sich an geltende Regeln und Gesetze zu halten haben, andererseits die vereinbarten Boni und die weitere Karriere im Unternehmen von erfolgreichen Abschlüssen abhängig macht?

Wie soll ein Manager den Gewissenskonflikt lösen, in hoch sensiblen Märkten erfolgreich zu agieren, wenn ihm das Unternehmen hierfür nicht Lösungsmöglichkeiten an die Hand gibt. Jetzt hat Siemens die Probleme des „Schmierens" in fast allen Unternehmensbereichen, die Beispiele zeigen, dass ein radikaler Bruch in der Kultur nötig ist. Die Führung muss mit großer Eindeutigkeit und Konsequenz reagieren, Voraussetzung dafür ist, dass der Vorgesetzte nicht Teil des Problems wird. Die Unternehmensführung muss für eine Kultur stehen, die eindeutig zeigt, dass sie keine Bestechung will, der Vorstand muss das vorleben.

Der Vorstandsvorsitzende kann noch so viele Broschüren über ethisches Verhalten verfassen, junge Außendienstmitarbeiter müssen wissen, dass eine solche Verpflichtung zu sauberen Geschäften mehr ist als Rhetorik. In einem Unternehmen wird sich zeigen, wenn die ethisch Tüchtigen, die sich an den Verhaltenskodex halten, nicht vorankommen, sondern immer nur die „durchsetzungsfähigen" Typen, dann werden die Regeln konterkariert. Wie kann man aufstiegsorientierten Studenten der Betriebswirtschaft werteorientiertes Denken und Verhalten beibringen?

In Deutschland fehlt bisher die Diskussion darüber, ob nicht die Ausbildung an den Hochschulen ein Grund für das Problem ist. Der Wirtschaftsethiker Wieland erinnert daran, Studenten der Betriebswirtschaft wurden in der Vergangenheit auf zwei Fragen gezielt vorbereitet: wie lässt sich der Gewinn des Unternehmens maximieren und wie das eigene Einkommen. An seiner Hochschule in Konstanz werden die Studenten durch Fallstudien möglichst in realitätsnahe Situationen versetzt, in die sie später einmal geraten könnten. In den USA wird die Frage der Ausbildung schon länger diskutiert, was nützen der Corporate Governance Kodex oder Ethik Kodizes eines Unternehmens auf dem Papier, wenn sie nicht von der Führung gelebt werden (images. zeit.de/text/2006).

Siemens erlebt gerade, was eine Amerikanisierung des Wirtschaftsrechts bedeutet. Das Abschieben von Schuld auf vorgelagerte Mitarbeiter nach Verstößen gegen Vorschriften funktioniert nicht mehr. Im Fall Siemens ist die Staatsanwaltschaft inzwischen zu der Erkenntnis gekommen, hier steckt hinter den Verfehlungen eine ganze Organisation, die jetzt in Haftung genommen werden soll. Auch die Börsen verlangen neue Ethik- und Wertemanagementsysteme, denn in der Gesellschaft entsteht immer mehr der Eindruck, hier wachse ein großes Problem heran.

Großunternehmen wie die Siemens AG haben eine Vorbildfunktion, es reicht nicht, die Managergehälter zu veröffentlichen. Durch die zahlreichen Korruptions- und Steuerskandale in den zurückliegenden Monaten verfestigte sich in der Öffentlichkeit der Verdacht, die Eliten hätten mit der Gesellschaft gebrochen. Unablässig verkünden die Arbeitgeberverbände kritische Parolen zum Standort Deutschland: die Löhne und Steuern seien zu hoch, alle müssten länger arbeiten. An den Aussagen ist sicher etwas Wahres, anderseits wird der Wirtschaftsstandort Deutschland z.B. von Amerikanern sehr gelobt und ist das Ziel vieler „Heuschrecken".

Wirtschaftsführer fühlen sich von den Konkurrenten getrieben und von den Medien verfolgt, für sie ist die Globalisierung ein Naturgesetz, der sich jede Kritik am Jobabbau in Deutschland verbietet. Auf jenen Treffen, wo der „Manager des Jahres" gekürt wird, spricht man die gleiche Sprache und teilt dieselben Wertvorstellungen. Die meisten Arbeitnehmer sind bedingt kooperativ und nehmen Mehrbelastungen hin. Sie leisten dann ihren Anteil, wenn die Anderen es auch täten, „prominentes Fehlverhalten" stört diese Erwartung (Zeit v. 21.2. 2008).

Der Schmiergeldskandal bei Siemens hat nach Einschätzung von Aufsichtsrat und IG Metall tausende Arbeitsplätze gekostet. In einigen Unternehmensbereichen wurde die wirtschaftliche Misere verschleiert, Schwächen eines Bereichs wurden durch Korruptionszahlungen überdeckt. Umso mehr verwundert es deshalb, dass die deutschen DAX-Unternehmen zögern, Obergrenzen für die Abfindungen von Managern festzulegen, nur 59 % der gelisteten Unternehmen wollen sich an die entsprechenden Anregungen der Regierungskommission halten (Tagesspiegel v. 19.4. 2008). Der heutige Siemens-Aufsichtsrat Cromme hatte im Jahr 2007 als Vorsitzender der Kommission die Regelung durchgesetzt, dass Zahlungen an vorzeitig ausscheidende

Vorstände auf höchstens zwei Jahre begrenzt werden. So soll verhindert werden, dass der Aufsichtsrat scheidenden Vorständen unangemessen hohe Abfindungen zahlt. Umso unverständlicher bleibt das ausgezahlte Übergangsgeld an den Ex-Siemens-Chef Kleinfeld, der nach nur kurzer Führungstätigkeit im Konzern 5,8 Millionen Euro zugesprochen bekam, und sein Nachfolger Peter Löscher wurde mit einem Begrüßungsgeld von 8,5 Millionen Euro eingestellt.

Wenn Bezüge trotz Misserfolgen und Entlassungen erhöht werden, kann das unter den Mitarbeitern nur Unverständnis hervorrufen und ihre Grundüberzeugungen von Gerechtigkeit und Solidarität erschüttern. Vorstandsbezüge sind an den Aktienkurs gekoppelt, der Erfolg des Konzerns wirkt sich direkt auf das Gehalt aus. Die Vorstände der großen börsennotierten Konzerne in Deutschland haben keinen Grund, unzufrieden zu sein. Im Schnitt verdienten sie im Jahr 2007 2,9 Millionen Euro, das entsprach einer Gehaltssteigerung von 7,75 %, die entsprechende Lohnsteigerung für Arbeitnehmer lag bei 3 % (Tagesspiegel v. 20.8. 2008).

Auch wenn der frühere Konzernchef Kleinfeld bereits im Jahr 2005 nach nur kurzer Leitungstätigkeit 3,3 Millionen Euro verdiente, lag Siemens damit im Vergleich zu anderen DAX-Konzernen nicht an der Spitze. Kritikpunkte an der Managerentlohnung sind Abfindungen, die in Pensionsbezügen versteckt werden und Aktienoptionen, die nach nur einem Jahresgewinn gewährt werden. Zur Beurteilung sollten mindestens drei Jahre verglichen werden, damit Top-Manager stärker das langfristige Wohl des Unternehmens im Auge haben. Gespannt sein darf man auf die Bezüge 2008/ 09, da sich die Zahlungen am Ergebnis orientieren, dürften sie geringer ausfallen.

In den USA bemüht man sich schon seit längerer Zeit, die Vergütung stärker vom geschäftlichen Erfolg abhängig zu machen. Die Betonung geschäftlicher Ziele soll verhindern, dass Vorstandschefs von Umständen profitieren, die nichts mit ihren Fähigkeiten zu tun haben. Der Aktienkurs kann auch von einem allgemeinen Aufschwung der Börse profitieren, selbst wenn Umsatz und Gewinn des betroffenen Unternehmens nur mäßig wachsen. Für die Vergütung üblich geworden sind Aktienpakete mit einer zeitlichen Verkaufsbeschränkung als Bonus-Form.

Deutschlands Top-Manager erhielten im Jahr 2007 nur etwas weniger als ihre Kollegen in den USA mit 3,03 oder in der Schweiz mit 2,99 Millionen Euro. Dem Wirken dieser Eliten bei Siemens, von denen keiner bisher Verantwortung für die Skandale der letzten Jahre übernommen hat, verdanken tausende von Mitarbeitern den Verlust ihres Arbeitsplatzes. Ein Eingeständnis der Beteiligung am Aufbau von schwarzen Kassen durch honorige Manager gibt es nur dann, wenn die Vergehen verjährt sind und man selbst keinen Schaden zu fürchten hat. Deshalb ist es nachvollziehbar, wenn der heutige Aufsichtsrat von den ehemaligen Top-Managern der Konzernspitze für die angerichteten Skandale Schadenersatz fordert, die bisherige Aufklärungsarbeit hat Siemens schon viel Geld gekostet.

Nun prüfen private US-Ermittler, ob amerikanische Konkurrenten durch mutmaßliche Schmiergeldzahlungen durch Siemens benachteiligt und damit geschädigt worden seien. Wie die US-Ermittler dabei vorgehen und wie sich deren Ermittlungen von den deutschen unterscheiden, davon soll im Folgenden berichtet werden.

5.2. Kritik an amerikanischen Anwälten und SEC

Siemens-Chef Löscher und der Aufsichtsratvorsitzende Cromme hatten in der Vergangenheit immer wieder deutlich gemacht, dass ein Vergleich mit der SEC eine „vielleicht anzustrebende Variante sei". Eine entsprechende Entwicklung sei wünschenswert, lasse sich aber nicht planen, da Siemens nicht Herr des Verfahrens sei. Hingegen hieß es im Sommer 2008 immer wieder, Siemens stünde vor einer Einigung mit der SEC. „FAZ.net", das Online-Angebot der „FAZ" berichtete, dass Aussagen von Personen, die mit dem Fortgang der Gespräche zwischen dem deutschen Elektrokonzern und dem amerikanischen Justizministerium sowie der SEC vertraut seien, schon im Herbst mit einem Abschluss des Verfahrens rechneten.

Für Siemens wäre es günstig gewesen im alten Geschäftsjahr, das im September 2008 endete, die erwartete Strafe zu zahlen, weil der Gewinn von sechs Milliarden Euro aus dem Verkauf des Autozulieferers VDO zur Verfügung stand. Die erwartete Strafe der SEC könnte in Milliardenhöhe liegen, die SEC wollte aber noch zur weiteren Untersuchung zwei Beamte im August nach Deutschland schicken, die mit der Staatsanwaltschaft gemeinsam mehrere Zeugen und Beschuldigte vernehmen wollten.

Gerade die Verhörmethoden der amerikanischen Anwälte in der Siemens-Schmiergeldaffäre werden von deutschen Wirtschaftsanwälten kritisiert. Zudem regt sich in der deutschen Industrie Widerstand, Siemens solle durch das Verfahren geschwächt werden, so der Vorwurf. Es könnte vermutet werden, amerikanische Siemens-Konkurrenten betrieben über die SEC eine eigene Industrieförderungspolitik (www.wiwo.de/

unternehmer-maerkte/ v. 7.8. 2008). Der Düsseldorfer Wirt-schaftsstrafverteidiger Jürgen Wessing erläutert zu den US-Ermittlern in Deutschland, dass es kein Abkommen zwischen Deutschland und den USA gebe, wonach die SEC originäre Rechte hätte, in Deutschland Ermittlungen durchführen zu lassen (www.wiwo.de/unternehmer-maerkte/ v. 13.9. 2008).

Beide Quellen stoßen sich an den Verhörmethoden der Amerikaner, denn die erwarteten Ermittler der SEC werden die Ergebnisse empfangen, die das Rechtsanwaltsbüro Debevoise & Plimpton im Auftrag von Siemens nach den Vernehmungen der Manager erstellt hat. Diese teilweisen sehr harten Verhöre seien mit dem deutschen Rechtsverständnis nicht vereinbar. Das Verfahren diene auch dem Zweck, die SEC zu besänftigen und Siemens vor astronomischen Strafzahlungen zu bewahren. Dabei steht außer Frage, dass die SEC nicht rechtsstaatswidrig handelt, wenn sie im formellen Rechtshilfeweg Ermittlungen durchführt.

Eine Verlagerung staatlicher Ermittlungen auf Private ist nach deutschem Strafrecht unbekannt. Dabei geht die SEC ziemlich raffiniert vor, indem sie weiß, dass Unternehmen, die ins Visier der SEC geraten sind, in Sorge sein müssen. Wenn man bedenkt, dass Siemens mit einigem Druck von der SEC dazu aufgefordert wurde, eine Kanzlei damit zu beauftragen, umfassend das Compliance-System zu überprüfen und über einen Zeitraum von fünf bis zehn Jahren Unternehmensteile zu untersuchen, ob strafrechtlich Relevantes vorgefallen sei, wirkt das auf deutsche Juristen etwas eigenartig.

In Deutschland gilt laut Grundgesetz der Grundsatz, dass sich niemand selbst belasten muss. In den USA ist das anders, die Discovery, die US-Ermittlungsbehörden sind ermächtigt, vom Unternehmen die Herausgabe aller in Frage kommenden Dokumente zu fordern. Vom Unternehmen wird erwartet, dass es seine Probleme selbst, ähnlich einem Staatsanwalt, aufklärt. Die Auswirkungen solcher Macht der dortigen Behörden ist bekannt, sie reicht bis zur Zerschlagung ganzer Unternehmen aus, das zeigte der Umgang mit dem US-Energieriesen Enron.

Es stellt sich die Frage, warum Ermittlungen privater Kanzleien in Strafsachen auf deutschem Boden hingenommen werden. Es müssten zumindest die Standards gelten, die bei staatlichen Ermittlungen beachtet werden müssen. Dazu würde gehören, die Interessenvertretung des zu Befragenden durch einen nur seinen Interessen verpflichteten Anwalt vorzunehmen, der den hiesigen Rechtsgrundsätzen unterliegt. Der Befragte sollte außerdem vorher wissen, zu was er befragt wird. Außerdem sollten diese Erkenntnisse einem generellen Beweisverwertungsverbot unterliegen.

Wünschenswert wäre, die deutschen Staatsanwaltschaften würden diese von Debevoise & Plimpton durch Vernehmungen erlangten Informationen nicht zur Grundlage ihrer Ermittlungen machen. Das sollte sowohl für strafrechtliche als auch zivilprozessrechtliche Verfahren gelten, der Wirtschaftsstrafrechtler Wastl hält die Weitergabe der Informationen von Privatermittlern an die SEC gar für rechtswidrig, denn in Deutschland gelte weiterhin der Grundsatz, dass sich niemand selbst belasten muss. Kritisch wird auch gesehen, dass es nach den Befragungen durch die Kanzlei, die auch Interviews genannt werden, durchaus Schadenersatzansprüche gegen den Befragten gestellt werden können, die ihn ruinieren könnten. (www.wiwo.de/unternehmen v. 7.8. / 13.9. 2008).

Ein Protokoll, nach deutschem Rechtsverständnis üblich,

gibt es auch nicht. Die Befragten erhielten auch auf Nachfrage die erstellten Notizen nicht ausgehändigt, sie wurden
aber auch zuvor nicht darüber belehrt, dass sie schweigen
könnten, würden sie sich der Gefahr einer Strafverfolgung
aussetzen. Dies ist bei staatsanwaltlichen Untersuchungen
in Deutschland vorgeschrieben und durchaus üblich. Die
aus den Interviews gewonnenen Erkenntnisse werden an
die Staatsanwaltschaft, an die SEC und die Justizbehörden
der USA weitergegeben, die damit das weitere Handeln
bestimmen.

Eine andere Unsicherheit in den weitergegebenen Aussagen liegt darin, dass die Vernehmungen grundsätzlich auf
Englisch erfolgen. Nur wenn jemand seine Aussagen in der
Muttersprache machen möchte, wird ein Dolmetscher hin-
zugezogen. Da es kein Protokoll gibt, sondern ein so ge-
nanntes Memo, besteht die Gefahr, dass beim Dolmetschen
und Rückdolmetschen Aussagen verfälscht werden können.
Nicht die moralisch-rechtliche Beurteilung von Straftaten,
die Methode, mit der hier Straftaten verfolgt werden, muss
in Frage gestellt werden. Deshalb ist es umso erstaunlicher,
dass sich in Deutschland dagegen kein Widerspruch erhebt,
dass zur Aufklärung der Korruptionsaffäre amerikanisches
Rechtsverständnis angewendet wird.

Wirtschaftsstrafverteidiger Wastl erläutert den Unterschied
mit dem in Deutschland bestehenden Legalitätsprinzip, das
jeden deutschen Staatsanwalt zum Ermitteln zwingt, wenn
der Verdacht einer Straftat besteht. In den USA lässt sich die
Sache dadurch bereinigen, dass der Verdächtige Schadenersatz leistet. Das gilt auch für schwere Straftaten, weil es
dafür ein Opportunitätsermessen gibt. Auf den ersten Blick
erscheint das deutsche Recht strenger, für die befragten

Siemens-Manager ergeben sich aber gerade aus der Mischung beider Rechtssysteme neue Schwierigkeiten.

Ihre Aussagen bei den Vernehmungen, um eine Amnestie im Konzern zu erreichen, gehen an die deutsche Staatsanwaltschaft, die wiederum ermitteln muss. Der Verzicht des Konzerns auf Schadenersatzansprüche oder die Kündigung wirkt sich bei der Staatsanwaltschaft für den Mitarbeiter negativ aus, auch wenn die US-Ermittler nicht mehr ermitteln. Ein weiterer Unterschied zum deutschen Rechtssystem besteht darin, dass ein Befragter aufgefordert wird, andere Mitarbeiter zu denunzieren. Was hier als „Blockwartmentalität" eher verpönt ist, trifft in den USA auf Unverständnis, weil man nicht versteht, dass ein Unrecht, das ein anderer begeht, nicht über „Whistleblowing" benannt werden sollte.

Strafverteidiger Wessing sieht wegen der Macht der amerikanischen Behörden schwere Zeiten auf den Siemens-Konzern zukommen. Die Sanktionen könnten das Unternehmen hart treffen, der Berechnungsgrundsatz ergebe sich daraus, dass die illegalen Geschäfte, die durch Schmiergeldzahlungen getätigt wurden, zusammengezählt werden. Diesen oder einen höheren Betrag könnte die SEC festsetzen. Sie könnte sogar eine Zwangskontrolle des Vorstands anordnen, die von Personen durchgeführt werden würde, die die SEC bestimmt. Auch das Ende des Verfahrens kann nur durch die SEC festgesetzt werden.

Es darf auch nicht vergessen werden, welche Folgen durch die Höhe der Strafe auf das Unternehmen zukommt. Sollten es mehrere Milliarden Euro sein, stünde Siemens als weltweit größter Wirtschaftskrimineller da, die Konkurrenten könnten daraus ihren Nutzen ziehen und Siemens schwer schädigen. Deshalb bleibt die Frage im Raum, was kann das moderne Strafrecht bewirken, wenn die Strafverfolgung aus den Händen des Staates in die Hände von Privatermittlern wechselt.

Tatsache ist aber auch, dass die intern ermittelnde amerikanische Anwaltskanzlei Debevoise & Plimpton erhebliche Macht über Siemens gewonnen hat. Mit einer großen Anzahl von Anwälten und Wirtschaftsprüfern wird die Vergangenheit bei Siemens aufgearbeitet, in der Hoffnung, die SEC werde Milde walten lassen, wenn sie die Bereitschaft zur Aufklärung und Verhinderung neuer Bestechung erkennt. Die Kosten dafür trägt Siemens, in nur sechs Monaten sind für die Amerikaner bis Ende März 2008 302 Millionen Euro angefallen.

347 Millionen Euro sind im Geschäftsjahr 2006/ 07 für externe Berater ausgegeben worden, zusammen ca. 650 Millionen Euro. Das entspricht der Hälfte dessen, was die Aufklärer in Rechnungen an dubiosen Zahlungen in den Jahren 2000-2006 identifiziert haben. Die Untersuchungen sind aber noch nicht abgeschlossen. Für die amerikanische Anwaltskanzlei bedeutet der Auftrag des Konzerns ein glänzendes Geschäft, sie bestimmt selbst, wie lange und in welchem Tempo sie ihre Nachforschungen führt. Der Auftrag sei ein Blankoscheck, dem Unternehmen bleibe nichts anderes übrig, als die Prüfer ermitteln zu lassen, das Ende der Ermittlungen bestimmen sie (Zeit v. 15.5. 2008).

Die häufig gehörte Meldung, man stehe in der Schmiergeldaffäre vor einer außergerichtlichen Einigung, kann sich nicht auf den Strafprozess wegen der schwarzen Kassen beziehen, dafür war das BGH-Urteil zu Siemens vor wenigen Wochen zu eindeutig. Es ist eher damit zu rechnen, dass die Münchner Staatsanwaltschaft, mit dem Urteil des BGH in der Hand, demnächst die Hauptverhandlung eröffnet. Sie ist bekannt dafür, in der Sache konsequent vorzugehen, gilt es doch auch zu beweisen, dass Strafverfolgungsbehörden nicht vor „großen Tieren" in der Gesellschaft zurückschrecken (www.wiwo.de/unternehmer-maerkte v. 13.9.2008).

6. Gedanken zur Schmiergeldaffäre

Ein Unternehmen von der Größe wie Siemens mit mehr als 400.000 Mitarbeitern kann nicht für jedes Mitglied der Firma garantieren, das wird man auch von keinem Leiter eines solchen Unternehmens erwarten. Erwartet wird hingegen, dass es Verhaltensregeln und Kontrollmechanismen gibt, die „nach menschlichem Ermessen" Fehlverhalten ausschließen. Ethik muss Chefsache sein, was nicht meint, sie solle nur dort angesiedelt sein. Ethische Grundsätze sollen von der obersten Etage des Managements mit ihrer Vorbildfunktion vorgelebt werden. Mit der Veröffentlichung von Leitlinien gibt das Unternehmen einen Maßstab vor, an dem es gemessen werden will (v. Pierer, 30 f.).

Die Einrichtung eines „Officer for Compliance" sowohl in der Unternehmenszentrale als auch in den Bereichen, regionalen Geschäftseinheiten und Tochtergesellschaften sollte auch für externe Vertragspartner Anreiz geben, sich ebenfalls moralisch korrekt zu verhalten. Regelmäßige geschäftsbegleitende Selbstkontrollen waren gedacht, um Wettbewerbsverstößen und korruptem Verhalten vorzubeugen. Nicht nur die Profitabilität eines Unternehmens sei für dessen dauerhafte Existenz entscheidend, es komme auch darauf an, „ob die Verantwortlichen eine gefestigte eigene Wertebasis und -orientierung besitzen" (ebd., 33).

Als Beispiel sei der Schweizer Elektronikkonzern ABB genannt, der nicht nur seine eigenen Tochtergesellschaften, sondern auch Lieferanten, Handelsagenten und Konsortialpartner vertraglich an die geltenden Regeln bindet. In diesem Konzern gehört die Compliance-Aufgabe zur Rechtsabteilung, bei anderen Unternehmen ist sie oft eigenständig oder der Innenrevision zugeordnet. Dies glaubt man nun auch bei Siemens verbessern zu können, Aufsichtsratchef Cromme nannte den Siemens-Konkurrenten General-Electric vorbildlich im Einhalten der Compliance-Regeln.

Das Unternehmen habe bereits vor über 60 Jahren den „Green Binder" eingeführt, der die damaligen Regeln des Unternehmens enthielt. Das Buch wurde immer wieder aktualisiert. Seit 1993 gebe es zusätzlich Handlungsanweisungen „Spirit & Letter", die für Ethik und faires, vertrauenswürdiges Verhalten in allen Tätigkeiten und Geschäftsbeziehungen stehen. Vor sechs Jahren führten die Amerikaner zusätzlich einen „Integrity Guide for Leaders" ein. An der Spitze der pyramidenförmig aufgebauten Compliance-Abteilung steht der Senior Vice President und Senior Counsel, darunter sind die Chief Compliance Officer der sechs Geschäftsbereiche des Unternehmens angesiedelt, von denen es bei General Electric mehr als 550 gibt.

Nach deren Einschätzung werden zwanzig bis vierzig Prozent des Aktienkurses von Compliance beeinflusst. Siemens hat nun die Compliance-Abteilung nach amerikanischem Vorbild aufgebaut und Aufsichtsratchef Cromme wies ausdrücklich darauf hin, dass Vorstandschef Löscher aus diesem vorbildlichen Unternehmen zu Siemens gekommen sei. In Münchner Justizkreisen ist man allerdings skeptisch, ob sich US-Firmen tatsächlich so sauber verhalten. Zweifel äußerten Beschuldigte im Siemens- Verfahren gegenüber der Staatsanwaltschaft und behaupteten, auch die amerikanischen Kollegen hätten ihre Tricks, sie würden die Regelverstöße nur besser kaschieren (www. süddeutsche.de/wirtschaft v. 21.5. 2007).

Wenn soviel gute Vorsätze in einem Unternehmen vorherrschen und am Ende ein Korruptionsskandal von solch einem Ausmaß aufzuarbeiten ist, eine „Nebenbuchhaltung" offensichtlich über Jahre niemand stutzig gemacht hat, dass ein Kontrollorgan es für nötig hielt, Ermittlungen einzuleiten, dann muss auch gefragt werden, wer die Verantwortlichen ausgesucht hat und wie die Kommunikation untereinander in den verschiedenen Unternehmensbereichen funktioniert hat. In Zukunft soll ein solches Fehlverhalten ausgeschlossen sein, dafür sorgt seit April 2008 die Österreicherin Brigitte Eder, sie ist für 17 Länder zuständig, die neu in die Verantwortung kommen, um Korruption auszuschließen.

Frau Eder lässt keine Zweifel daran, in Zukunft auch auf zwielichtige Aufträge verzichten zu müssen. Bei Geschäften in bestimmten Ländern müsse darauf geachtet werden, nicht in eine Grauzone zu geraten. Für die leitenden Mitarbeiter sei es wichtig, ein Gefühl für die jeweilige Region zu bekommen, denn der Kaukasus sei etwas anderes, als wenn Tschechien oder Ungarn zum Aufgabengebiet kämen, für Korruption gäbe es bei Siemens „null Toleranz" (www.wirtschaftsblatt.at/home/oesterreich/unternehmen/wien v. 9.4.2008).

In diesem Sinne äußerten sich inzwischen auch die Richter am Bundesgerichtshof (BGH), sie stufen die Bestechungsaffäre als einen Fall der Untreue ein und widersprechen damit den Argumenten der Anwälte der Angeklagten, dass die Schmiergeldzahlungen dem Unternehmen nicht geschadet hätten. In seinem ersten Urteil zum Schmiergeldskandal hat der BGH entschieden, dass bereits das Einrichten von schwarzen Kassen in einem Unternehmen strafbar ist. Es kommt nicht darauf an, dass dem Unternehmen tatsächlich ein Schaden entsteht. Untreue gegenüber dem Arbeitgeber sei auch dann gegeben, wenn die Absicht bestehe, die Mittel zu Gunsten des Unternehmens zu verwenden (Tagesspiegel v. 30.8. 2008).

Mitarbeiter können demnach schon bestraft werden, bevor sie Schmiergelder zahlen, bereits das Bilden von schwarzen Kassen stelle eine Vermögensgefährdung dar, weil das Geld, das dorthin verschoben wurde, danach weder in der Buchhaltung noch in der Bilanz mehr auftauche und auch dem Zugriff des Unternehmens entzogen wurde. Damit sei Siemens durch die Untreue seiner Mitarbeiter geschädigt worden. Ein Konzern-Sprecher begrüßte die Entscheidung, das Gericht sei der Auffassung des Unternehmens gefolgt (ebd.).

Mit jedem Zeugenauftritt ist weniger vorstellbar geworden, dass von der Konzernspitze niemand etwas wusste und das Treiben der Schwarzgeldzahlungen nicht verhindert hat. Waren es alle brave Firmensoldaten? Karl Homann, Professor für Wirtschaftsethik an der Münchner Ludwigs-Maximilians-Universität sagt, es sei richtig, dass gegenwärtig in unserer Gesellschaft etwas nicht mit der Moral stimme. Die Diagnose, der Verfall der Moral sei die Folge eines Werteverfalls, sei aber falsch.

Die heute oft kritisierte Gier der Manager sei nichts anderes als eine bestimmte Form von Eigeninteresse, der Verfall der Moral auf breiter Front weise vielmehr auf den Zusammenbruch der institutionellen Stützen hin, die die Moral vieler Bürger bis heute getragen habe. Der Wettbewerb mache moralisches Verhalten für den Einzelnen schwierig. Solange es nicht einheitliche Spielregeln gebe, die auch die Konkurrenten binden, wird der Ehrliche zu leicht zum Verlierer (Homann, 35 f.).

Welche Werteerziehung prägt die Manager und nach welchen Moralvorstellungen handeln sie? Der Soziologie-Professor Buß an der Universität Hohenheim hat sich mit dieser Frage befasst und mit 100 Vorstandsmitgliedern führender deutscher Unternehmen unterhalten. Fazit der Befragung war, ein Drittel der Manager äußerte, Moral habe in ihrem Geschäft keinen Platz. Deshalb wird auch verständlich, wenn sie die Empörung in der Öffentlichkeit eher irritiert, die den Wirtschaftsführern momentan entgegenschlägt.

Führungskräfte mit gelegentlichen Gewissensqualen helfen sich aus der Situation, indem sie konstatieren, Moral sei in ihrer Welt keine feste Größe, sondern habe fließende Grenzen. Anonym gaben sie Auskunft und nannten Beispiele, ob man Schmiergelder in Ländern zahlen sollte, in denen das üblich sei, oder ob auf das Geschäft zu verzichten sei. Die Kulturgebundenheit von Moral sei eine große Versuchung, man müsse sich entscheiden, überhaupt in solchen Regionen tätig zu werden oder nicht (Tagesspiegel v. 9.6. 2008).

Den Vorwurf, erst käme das Scheffeln, dann die Moral, können viele Wirtschaftseliten nicht verstehen. Sie sind der Ansicht, dass ihre Anstrengungen für den Wirtschaftsstandort Deutschland nicht entsprechend gewürdigt werden, 20 % der Befragten beklagen, der Öffentlichkeit sei nicht bewusst, wie abhängig die Unternehmen inzwischen von den Kapitalgebern seien. Sie geben aber auch zu, mitunter Getriebene zu sein. Wie weit ist der Weg dann noch, auch in kriminelle Geschäfte zu geraten?

Aus den genannten Versuchungen baut sich ein eigenartiger Schutzmechanismus der Wirtschaft auf, mit der Einführung von „Compliance" steigt der Glaube, man könne besser saubere Geschäfte tätigen. Erinnert sei an die ethischen

Grundsätze eines Herrn von Pierer, an mangelndem Wissen zur Vermeidung von Korruption hat es in der Vergangenheit nicht gefehlt! Dass es eigentlich selbstverständlich sein sollte, von kriminellen Geschäften Abstand zu nehmen, ist offensichtlich in vielen Wirtschaftszweigen verloren gegangen.

An das mehrere Jahrhunderte alte Leitbild des ehrbaren Kaufmanns zu erinnern ist heutzutage wahrscheinlich lächerlich, nur so viel, auch für die Einhaltung der Compliance-Regeln braucht man die entsprechenden Menschen, sonst sind die neu eingerichteten Compliance-Abteilungen bei Siemens ihr Geld nicht wert. Telekom und Deutsche Bahn haben entsprechende Erfahrungen gemacht. Entscheidend wird sein, nach welchen Moralvorstellungen Manager handeln, sie bestimmen, ob die ethische Selbstverpflichtung eines Unternehmens greift oder nicht (Tagesspiegel v. 27.5. 2008).

Weil so viele Wirtschaftsvertreter in den USA darüber klagten, ohne Schmiergelder gegenüber Wettbewerbern aus anderen Ländern ins Hintertreffen zu geraten, bemühte sich der Kongress der USA, internationale Verbündete gegen die Korruption zu finden. Erst im Jahr 1998 kam der OECD-Antikorruptionspakt zustande, den inzwischen 35 Länder unterzeichnet haben und die sich nun an einheitliche Spielregeln halten müssen. Nach den Skandalen des Energiehändlers Enron und des Telekomkonzerns Worldcom verschärfte der Kongress mit dem Sarbanes-Oxley Act die Bilanzierungsregeln. Schwarze Auslandskonten und Transaktionen unter dem Tisch waren jetzt strafbare Handlungen. Untersuchungen gegen Verstöße wurden nun aggressiver vom Justizministerium und der SEC geführt. Gab es im Jahr 2002 nur sieben neue Verfahren, waren es zwei Jahre später bereits 19. Ende 2006 ermittelten die Anwälte in 43 laufenden Verfahren, die betrafen außer Siemens auch andere deutsche Unternehmen, wie Daimler Chrysler. Die Botschaft der amerikanischen Staatsanwälte ist klar, ausländische Unternehmen, die an US-Börsen gelistet sind, unterliegen den amerikanischen Gesetzen. Die Aktivitäten bei Siemens werden aufmerksam verfolgt, in einem so bedeutenden Fall arbeiten Justizministerium und SEC in der Regel eng zusammen.

Angesichts der aktuellen Fälle von Korruption in deutschen Unternehmen verlangte BDI-Chef Thumann praktische Konsequenzen. Die Unternehmen sollten mehr anonyme Beschwerdestellen einrichten, bei denen Mitarbeiter Straftaten ihrer Vorgesetzten anzeigen könnten, dies biete sich gerade bei Korruptionsdelikten an. Der Image-Schaden der deutschen Industrie durch die Wirtschaftsskandale sei enorm.

Neuer Personalvorstand bei Siemens wurde mit der Jahreswende 2007/08 Siegfried Russwurm, der die disziplinarischen Maßnahmen gegen Korruption für ausreichend hält und die vom Unternehmen angebotene Amnestie für Mitarbeiter aus den Ebenen dort verteidigt, wo strafrechtlich relevante Verantwortung eher unwahrscheinlich sei. Wenn solche Mitarbeiter zur Aufklärung beitrügen, sehe das Unternehmen von Sanktionen ab. Das Amnestieprogramm richte sich ausdrücklich nicht an das Top-Management.

Im Portal der WAZ wurde am 20.6. 2008 ein Interview mit dem Münchner Wirtschaftsethiker Professor Dr. Karl Homann wiedergegeben, in welchem dieser auch auf das Thema einging und meinte: die Manager müssten erkennen, dass Unternehmensmoral kein Kosten-, sondern ein

Produktionsfaktor ist. Durch den Verzicht auf Korruption hätte sich Siemens Ausgaben für Schmiergeld, Strafen und Anwaltskosten in Höhe von rund fünf Milliarden Euro erspart. Das Unternehmen müsse solche Mitarbeiter vor der Repression ihrer Kollegen und Vorgesetzten schützen, damit sie ihre Informationen öffentlich machten. Auch unabhängig von den jeweils leitenden Individuen müsse das Unternehmen als Ganzes in der Lage sein, seine moralischen Standards aufrechtzuerhalten. Es sei im vitalen Interesse des Unternehmens, Schutzmechanismen einzurichten.

Zu fragen ist auch, ob die heute aufgedeckten Korruptionsskandale nur deshalb so schrecken, weil sie sich jetzt häufen. Hatte Korruption in Deutschland vielleicht gute Tradition? Eine Meldung des manager-magazins vom 13.9. 2008 spricht von neu aufgetauchten Unterlagen, die belegen sollen, dass bei Siemens bereits in den 50er Jahren Schmiergeldzahlungen zur festen Praxis gehörten. Der Spiegel wird mit einem Vermerk des damaligen Aufsichtsratvorsitzenden Hermann Franz zitiert, der als zentrale Führungsfigur im Konzern galt. Aus einem Gespräch mit dem Vorstandschef Gerd Tacke, der damals das Auslandsgeschäft nach dem Zweiten Weltkrieg wiederbelebte, geht hervor, dass „man das Auslandsgeschäft nur betreiben könne, wenn man „nützliche Aufwendungen" zahle und dafür die notwendigen Instrumente schaffe, sprich „Schwarze Kassen", so der Spiegel.

Die im Ausland erfolgreichen Manager haben dieses System nach ihrer Rückkehr nach Deutschland fortführen wollen. Franz wollte mit dem Vermerk zufolge 1989 seine Vorstandskollegen davor warnen, das Schmiergeldsystem fortzusetzen. Diese hingegen hätten ihn beschimpft und von 30 Prozent weniger Auftragseingang gesprochen. Als die Münchner Staatsanwaltschaft wegen des Schmiergeldsystems bei Siemens erste Ermittlungen anstellte, sah Franz nur den Ausweg, das ganze Unternehmen wieder sauberzumachen. Schwierig ist es bei der Säuberung, die entscheidenden Führungskräfte vor dem Gericht zum Sprechen zu bringen. So macht auch von Pierer bis jetzt von seinem Zeugnisverweigerungsrecht Gebrauch, seine Anwälte haben ihm dazu geraten. Ob es ihm noch hilft? Unbeschädigt wird er die Verfahren kaum überstehen, mit fast jedem Zeugenauftritt im Siekaczek-Prozess ist es zweifelhafter geworden, dass er nichts gewusst hat. Mehr Hilfe bei der Aufklärung der Schmiergeldzahlungen sind von Mitläufern zu erwarten, die um der Karriere willen sich nicht trauten, unangenehme Fragen zu stellen (Süddeutsche Zeitung v. 19.6. 2008).

Nichts mehr zu fürchten haben jene Leitungskräfte, die ihre Beteiligung an der Schaffung des Systems der schwarzen Kassen offen gestehen, weil die Taten bereits verjährt sind. Zu ihnen gehört der ehemalige Bereichsvorstand der COM, der bereits im Jahr 2001 in Pension ging und nun schilderte, wie er Unterschriften leistete und am Aufbau des Systems mitwirkte. Mit seinem Aufstieg im Betrieb habe er diese Themen immer mehr delegiert, mit seinen direkten Vorgesetzten in der Zentrale, den Vorständen Neubürger und Jung habe er diese Dinge nicht besprochen.

Aufschlussreicher ist die Aussage eines Mitarbeiters der Rechtsabteilung, der als Zeuge aussagt, er habe an einem Bericht mitgearbeitet, den der Leiter der Rechtsabteilung im Zentralvorstand vorgetragen habe. Darin seien die zweifelhaften Rechnungen Siekaczeks ebenso ausdrücklich erwähnt worden wie der Beratervertrag mit einer Briefkastenfirma aus dem Scheinimperium des Herrn Floriani. Zu dieser Zeit führte Heinrich von Pierer den Vorstand. Hier zeigt sich mal andeutungsweise, dass der Chef des Hauses etwas gewusst haben könnte.

Der erst im Jahr 2006 in den Zentralvorstand berufene Finanzchef Kaeser behauptet gar, das ,,Thema Korruption sei ihm grundsätzlich völlig fremd". Allerdings habe es schon im Jahr 2005 etliche ,,rote Flaggen" im Konzern gegeben und es sei ihm heute nicht mehr erschließbar, dass die Verantwortlichen nicht darauf reagiert hätten (Süddeutsche Zeitung v. 19.6. 2008). So bleibt das Empfinden, der Austausch von Informationen zwischen der oberen Hierarchie und der darunter angesiedelten Leitungsebene sei eine Einbahnstraße gewesen, die Wissen durchlässt, bei der die Verantwortlichkeit aber auf der Strecke blieb.

Was werden die kommenden Prozesse an Aufklärung bringen? Wird der frühere Vorstandschef die Verantwortung für die Skandale übernehmen, die während seiner Amtszeit geschahen? Wissen oder Nichtwissen über das Schwarzgeldsystem, beide Annahmen wären nicht förderlich für das Ansehen des früheren Chefs. Das Managerdenkmal ist bereits stark beschädigt, die Regierung verzichtet auf seine Dienste, und die Aussagen von Siemens-Führungskräften belasten ihn so stark, dass beratende Anwaltskanzleien dem Konzern empfahlen, Schadensersatzforderungen zu stellen.

6.1. Ausblick in die Zukunft

Das Geschäftsjahr 2007 dürfte eines der schwierigsten in der über 160-jährigen Firmengeschichte gewesen sein. Es war geprägt von Korruptionsanklagen und nachgewiesenen

Fällen von Fehlverhalten. Zielstrebig geht die Unternehmensführung nun daran sicherzustellen, dass zukünftig nur saubere Geschäfte getätigt werden. Siemens-Chef Löscher unterstreicht: „Mir geht es um sauberes Geschäft immer und überall und um Spitzenleistung auf höchstem ethischen Niveau. Beides bildet keinen Gegensatz, sondern erst im Zusammenspiel der beiden kommt man zu nachhaltigem Erfolg" (Siemens Welt 2/2008).

Mit intelligenten Lösungen und innovativen Technologien stellt sich das Unternehmen den weltweiten Herausforderungen wie demographischer Wandel, fortschreitende Urbanisierung und Klimawandel. Sie sollen zu positiven Geschäftsimpulsen genutzt werden, denn in der Vergangenheit hat sich der Konzern mit gezielten Akquisitionen auf diesen Feldern verstärkt, und diese Konzentration auf die erwartete Nachfrage in diesen Gebieten erklärt auch die neue Unternehmensstruktur, die nun zu einer Kultur des Miteinander führen soll.

Im Dialog mit den Mitarbeitern sollen Fragen zum Thema Compliance geklärt werden. Dafür wurde in Erlangen ein „Helpdesk" eingerichtet, ein Team aus Juristen, Vertriebsmitarbeitern und Kaufleuten arbeitet zusammen, um Mitarbeiter zu diesem Thema zu beraten. Täglich laufen hier Fragen aus aller Welt ein. Vor allem in den ersten Wochen zeigte die Art der Fragen große Verunsicherung unter den Mitarbeitern, inzwischen sind die Themenfelder komplexer geworden. Schulungen und intensive Kommunikation scheinen sich auszuzahlen, immer mehr Beratung wird nachgefragt.

Es bleibt die Frage zur Schmiergeldaffäre, warum so viele Verfehlungen geschehen konnten, ohne dass massenweise interveniert wurde. All dies soll zukünftig durch die neu eingeführten Einrichtungen verhindert werden. Im neuen Vorstand wird mit großer inhaltlicher Tiefe gearbeitet, dabei legt die Führung besonderen Wert auf die Kontakte mit den Beschäftigten und der eindeutigen Ausrichtung an den Siemens-Werten, zu denen verantwortungsvolles Handeln, also Recht und Gesetz zu befolgen, gehören, erläutert der für Personal zuständige Vorstand Russwurm.

Auffällig sind die Bemühungen der Konzern-Leitung, auch nach außen den Nachweis zu erbringen, dass sich das Unternehmen weiterentwickelt hat und höchsten ethischen Ansprüchen genügen will. So betont Löscher immer wieder, dass die Wandlung des Unternehmens dem Ziel dient, in allen 190 Ländern, in denen man präsent sei, saubere Geschäfte zu betreiben, dies sei eine Herausforderung an die Chefs vor Ort mit klaren Verantwortlichkeiten. Die Organisation in den Sektoren garantiere die stringente Umsetzung der Strategien.

Löscher weist ausdrücklich darauf hin, auch in den arabischen Ländern sei es möglich, Geschäfte zu tätigen, ohne gegen Regeln zu verstoßen. In Abu Dhabi würden Mitarbeiter aus 60 Nationen für Siemens arbeiten, und alle seien den Werten verpflichtet. Im Gegensatz zur früheren Siemens-Führungskultur gebe es jenseits des Vorstands keine Gremien mehr, sondern nur noch verantwortliche Einzelpersonen. Entscheidungen würden von ihnen getroffen, ihre Anweisungen seien klar zuzuordnen. Damit übernähmen die Führungskräfte persönlich Verantwortung, was sie auch anstrebten (Siemens Welt 6/ 2008).

Der Vorstandschef glaubt inzwischen, den größten Teil problematischer Großaufträge im Bestand aufgespürt zu haben.

Das Ausmaß habe überrascht, die Aufträge seien auf die Bereiche Energie, Bahntechnik und Informations-Technologie (IT) verteilt gewesen, es seien strategische und operative Maßnahmen ergriffen worden, um die Situation zu meistern. Klarheit, Eindeutigkeit und konsequente Umsetzung würden Analysten und Öffentlichkeit von Siemens erwarten (ebd.). „Wir tun alles für vollständige Aufklärung, und wir wollen, dass klar wird, wer verantwortlich war", stellt Löscher klar. Schmiergeldaffäre und Finanzkrise, welche Auswirkungen werden sie auf die Siemens AG haben? Um dauerhaft unabhängig zu bleiben, muss das Unternehmen seinen Wert stetig steigern. Die Geschäftsstrategie, die im Umfeld von Markt, Kunden, Technologien und Wettbewerbern eingebettet ist, wird auf der Ebene der 93 Geschäftsfelder entwickelt und geplant (Stand 10/2007). Grundsätzliche Fragen der Unternehmensstrategie werden in den Vorstandsklausuren behandelt, dort werden auch solche Fragen behandelt, wie sich Umwelt- und Klimaschutz mit der Atomkraft vertragen.

Wesentliche Voraussetzung dafür, um sich in diesen Feldern zu behaupten, ist nachhaltiges Wachstum, das der Konzern dadurch erreichen will, dass in Zukunftsmärkte investiert wird. Nur die Geschäfte, die führende Positionen im Markt einnehmen, sind auch in Krisenzeiten profitabel. Zwei Drittel der Siemens-Geschäfte befinden sich in stabilen Wachstumsfeldern. Da die einzelnen Geschäfte unterschiedlichen Marktzyklen folgen, erwartet man für das Gesamtunternehmen ein stabiles Ergebnis (Siemens Welt 9/ 2008).

Im Oktober 2008, die Finanzkrise war bereits voll entbrannt, schätzte Vorstandschef Löscher die Situation am Markt für Siemens immer noch günstig ein. Man habe in guten Zeiten den Konzern „wetterfest" gemacht. Die Neuausrichtung auf drei Sektoren, Industrie, Energie und Gesundheit, erweise sich heute als großer Vorteil, weil sie hohe Wachstumsraten mit sich brächten. Hinzu komme eine konservative Finanzpolitik, signifikante Liquiditätspolster und die Sicherung günstiger Kreditlinien. Die Finanzkrise habe bisher keine negativen Einflüsse auf Siemens gehabt.

Davon zeugt auch die Eröffnung des neuen Siemens Centers in den vergangenen Wochen in Peking. Mit 100 Millionen Euro ist das eines der größten Immobilieninvestitionsprojekte von Siemens weltweit. In dem 30-stöckigen Bürogebäude finden über 3000 Menschen einen Arbeitsplatz, es beherbergt nicht nur die Zentrale von Siemens in China, sondern beheimatet zum Teil die Büros lokaler Siemens-Gesellschaften und Tochterunternehmen. China ist für Siemens ein Eckpfeiler des globalen Geschäfts, bis zum Jahr 2010 wird ein Auftragseingang von rund 10 Milliarden Euro erwartet.

Das Geschäft in den USA sieht Löscher auch bei einer eventuellen Rezession nicht gefährdet, trotz des Umsatzes von ca. 25 % dort. 70 % des Produktportfolios beruhten auf Infrastrukturmaßnahmen mit langfristigen Zyklen, dazu gehöre die Erneuerung der Energieversorgung. Deshalb sei man von kurzfristigen konjunkturellen Schwankungen nicht so betroffen, der Siemens-Chef vertraue auf die Erneuerung Amerikas. Die werde vom Tempo der Veränderungen in der Gesetzgebung nach den Wahlen im November 2008 bestimmt. Sollte irgendeine Form der staatlichen Krankenversicherung eingeführt werden, werde Siemens mit seinen Lösungen in der Medizintechnik davon profitieren (Siemens Welt 8/ 2008, S. 2).

Viele Monate hat der Amerikaner Solmssen, Vorstand für Recht und Compliance, mit seinem Team mit deutschen und amerikanischen Behörden verhandelt. Dies sollte den Amerikanern Bereitschaft und Mithilfe bei der Aufklärung des Schmiergeldskandals demonstrieren. Dabei hoffte das Unternehmen, die Strafe für die Verstöße zu mildern. Dass Siemens jetzt nur eine Milliarde Euro zurückstellt, dürfte ein sicheres Zeichen dafür sein, dass eine Einigung mit der amerikanischen Börsenaufsicht und dem US-Justizministerium bevorsteht. Wäre das nicht der Fall, dürfte Siemens nach den internationalen Bilanzregeln noch keine Rückstellungen dafür bilden (Tagesspiegel v. 9.11. 2008).

„Der Betrag basiert auf der Einschätzung des Stands der Gespräche mit den Behörden in Deutschland und in den USA durch das Unternehmen", teilte Siemens in der ersten Novemberwoche mit. Damit wird der Korruptionsskandal bei weitem nicht so teuer wie befürchtet. Wann die Verhandlungen mit den Behörden abgeschlossen sein werden, teilte der Unternehmenssprecher nicht mit. Bisher nicht geklärt ist, ob neben den finanziellen Strafen noch andere Auflagen drohen, etwa der Ausschluss von öffentlichen Aufträgen in den USA (Tagesspiegel v. 6.11. 2008).

In Deutschland wird das Wachstum für das Jahr 2009 nur noch auf 0,2% oder geringer geschätzt, Siemens habe sich aber auch hier rechtzeitig auf die Abschwächung eingestellt. Deshalb gelte weiter für das im Oktober begonnene neue Geschäftsjahr, ein operatives Ergebnis von 8 bis 8,5 Milliarden Euro zu erzielen. Die Ziele des Unternehmens für die kommenden Jahre wurden durch das mittelfristige Aktionsprogramm Fit4 2010 festgelegt. Die drei Bereiche sind auf Grund ihrer Geschäftsvolumina, die im zweistelligen Milliardenbereich liegen, schon fast eigene Konzerne.

Im Jahr 2008 profitierte das Unternehmen davon, dass weltweit viel Geld in neue Kraftwerke und Infrastruktur investiert wurde, wie niemals zuvor. In manchen Bereichen liegen mehr Aufträge vor, als personell bearbeitet werden kann, der Auftragseingang wächst zweistellig. Es fehlt an Projektingenieuren, das führt zu Verzögerungen, Vertragsstrafen und Gewinneinbußen. Zuletzt mussten 857 Millionen Euro abgeschrieben werden, und der Aktienkurs brach ein.

Die meisten Geschäfte von Siemens sind Projekte, die eine Laufzeit von mehr als einem Jahr haben. Die Projektierung und der Bau eines neuen Kraftwerks oder die Anschaffung neuer Züge sind in der Regel von kurzfristigen Konjunkturzyklen unabhängig. Von diesen Aufträgen hofft das Unternehmen das Jahr 2009 zu überleben. Verkauft wird, was nicht in die Strategie passt oder nicht die geforderte Rendite bringt. Deshalb wurden im vierten Quartal (1.7.-30.9. 2008) Sonderlasten von drei Milliarden Euro bereitgestellt, darin enthalten sind die Kosten für den Abbau von 17 200 Stellen und für den Verkauf der Sparten für Schnurlostelefone und Unternehmensnetzwerke.

Das Wirken des neuen Vorstandsvorsitzenden Löschers war bisher nicht besonders segensreich für die Eigentümer. Seit seinem Amtsantritt fiel der Aktienkurs von 106 Euro auf 76 Euro. Hinzu kam die Finanzkrise, die auch die meisten anderen Werte im DAX sinken ließ. Die Siemens Aktie verlor aber besonders und steht im November 2008 nur noch bei 40 Euro. Auch an der Entwicklung des Börsenwertes wird sich der Vorstands-Chef messen lassen müssen, der in der deutschen Industrie bis zu seinem Einstieg bei Siemens ein unbeschriebenes Blatt war (Zeit v. 15.5. 2008).

7. Schlussbemerkungen

Im Mai 2007 verwies Siemens noch darauf, dass in der Affäre um schwarze Kassen bei der Sparte Com im Rahmen der Debevoise-Untersuchungen keine Hinweise darauf gefunden wurden, dass der Prüfungsausschuss des Aufsichtsrates auf der Basis der zur Verfügung gestellten Informationen seine Aufgabe nicht erfüllt habe (Tagesspiegel v. 15.5. 2008). Inzwischen hat sich der Aufsichtsrat stark verändert, die von Siemens bestellten Wirtschaftsanwälte Hengeler/ Mueller, die ebenfalls in der Affäre ermitteln, bescheinigen dem gesamten früheren Zentralvorstand von Siemens auf jeden Fall Mitwisserschaft.

Das hauseigene Anti-Korruptionssystem sei schon seit 2001 „objektiv mangelhaft" gewesen. Die verborgenen Korruptionsrisiken seien massiv unterschätzt, Verstöße nicht ausreichend geahndet, und die Einhaltung der vorgegebenen Regeln nur rudimentär kontrolliert worden. Ab Sommer 2003 hätten sich die Verdachtsfälle gehäuft. Vorschläge zur Verbesserung des Anti-Korruptionssystems wurden trotzdem verworfen (www.faz.net-3.8. 2008).

Die Glaubwürdigkeit der Vorstandsmannschaft von Löscher und dem Aufsichtsrat stehen unter starker Beobachtung. Wie sensibel jetzt auf Verdachtsmomente reagiert wird, das zeigten die Untersuchungen gegen Erich Reinhardt. Er war seit 1994 Chef der Medizintechnik, Untersuchungen brachten nichts Belastendes gegen ihn selbst hervor. Als aber ruchbar wurde, dass auch in diesem Unternehmensbereich schwarze Kassen existiert haben müssen, drängte man ihn, die Konsequenzen dafür zu tragen und zurückzutreten.

Durch die anhaltenden Ermittlungen und immer wieder neu

auftauchenden belastenden Aussagen von Personen muss Siemens so radikal aufräumen wie kein anderes Unternehmen. Viele Dinge, die zu Tage treten, mögen in anderen Betrieben nicht anders gehandhabt werden. Häufig wird der Vorwurf laut, US-Konzerne würden durch unsichtbaren Staatsprotektionismus davor bewahrt, angeklagt zu werden, während US-Lobbyisten und Praxisfremde dafür sorgten, dass deutsche Unternehmen an den Pranger gestellt würden.

Beschuldigungen gipfeln in der Behauptung, Siemens werde systematisch von einer anglo-amerikanischen Wirtschaftsgang und der EU zerstört (www.stern.de/wirtschaft v. 6.11. 2008). Es sei weltfremd zu glauben, ausländische Firmen würden nicht Schmiergelder zahlen, um an Aufträge zu gelangen, heißt es. Erinnert sei an den mysteriösen Rückzieher des US-Verteidigungsministeriums bei der Vergabe des Auftrags für Tankflugzeuge an den europäischen Flugzeugkonzern EADS, der amerikanische Flugzeughersteller Boeing ging bei der Ausschreibung zunächst leer aus. Kurze Zeit später hieß es von amerikanischer Seite, die Ausschreibung für den Auftrag würde nach der Präsidentenwahl in den USA wiederholt.

Ein solches Verhalten weckt in der Wirtschaft nicht Vertrauen. Unbestritten ist, dass Siemens gegen Regeln verstoßen hat, die Verfehlungen mit den damaligen Kontrollsystemen aber nicht erkannt wurden oder nicht verhindert werden konnten. Inzwischen hat der Konzern die Compliance-Abteilung auf 521 Mitarbeiter ausgebaut. Gewarnt werden muss davor, alles zu verdammen, was unter von Pierer Bestand hatte. Hat seine Vorbildfunktion auch gelitten, sollten die scheinbar altmodischen Eigenschaften, für die er auch stand, weiter gepflegt werden. Dazu gehörten, die heimischen Standorte zu bewahren, das eigene Gehalt nicht bis zum Letzten auszureizen und Kapital und Arbeit gelten zu lassen.

Zum Konzernumbau sei angemerkt, dass die Bereichsaufteilungen in der Vergangenheit vielfältig waren. Allein der damalige Bereich Energietechnik war in acht große Unterbereiche aufgeteilt. Diese Struktur wurde als zu schwerfällig empfunden, unter Kaske und von Pierer wurde alles in viele kleine, aber schlagfertige Einheiten aufgeteilt. Die Begründung: viele wendige Kreuzer seien wesentlich effektiver als ein riesiges Schlachtschiff, das träge und unbeweglich sei. Es wird abzuwarten sein, wie die drei neu organisierten Bereiche sich in der Zukunft bewähren.

In Deutschland wird die Münchner Staatsanwaltschaft weiter gegen Siemens ermitteln. Fachleute vermuten, der Prozess könnte noch spektakulärer als das Mannesmann-Verfahren werden, es geht auch um Abschreckung in der Gesellschaft. Künftig wird ein Unternehmen nicht darum herum kommen, auf einen dubiosen Auftrag in einem Drittweltland zu verzichten. Dabei wird es passieren, dass ein Manager sich überlegen muss, wie er sich verhalten soll, wenn die Rechtskultur, die im eigenen Land von ihm verlangt wird, in anderen Ländern, in denen er Erfolg haben muss, nicht gilt.

Wirtschaftsstrafverteidiger Wessing schlägt vor, denjenigen straffrei zu lassen, der den Vorgang aufdeckt. Alle Unternehmen müssten sich nach den Ermittlungen bei Siemens fragen, ob schwarze Kassen bei ihren Geschäften im Spiel sind. Die Aufarbeitung der Schmiergeldaffäre hat Siemens bis zum November 2008 2,5 Milliarden Euro gekostet, davon wurden in den vergangenen zwei Geschäftsjahren allein für Berater 857 Millionen Euro aufgewendet, hinzu kamen Strafen und Bußgelder.

8. Literatur

Albach, Horst, Betriebswirtschaftslehre ohne Unternehmensethik, in: Zeitschrift für Betriebswirtschaftslehre, Heft 9 (2005), Wiesbaden 2005, S. 809-829.

Dörre, Klaus, Gibt es ein nachfordistisches Produktionsmodell? Managementprinzipien, Firmenorganisation und Arbeitsbeziehungen im flexiblen Kapitalismus, in: Mario Candeias/ Frank Deppe (Hg.), Ein neuer Kapitalismus?, Hamburg 2001a, S. 83-107.

Dörre, Klaus, Das deutsche Produktionsmodell unter dem Druck des Shareholder Value, in: Kölner Zeitschrift für Soziologie und Sozialpsychologie, Heft 4/ 2001 b, S. 675-704.

Feldenkirchen, Wilfried, Siemens. Von der Werkstatt zum Weltunternehmen, München 1997.

Homann, Karl, Grundlagen einer Ethik für die Globalisierung, in: Pierer, Heinrich v./ Homann, Karl/ Lübbe-Wolff, Gertrude, Zwischen Profit und Moral. Für eine menschliche Wirtschaft, München/ Wien 2003.

Jürgens, Ulrich/ Naschold, Frieder, Arbeits- und industriepolitische Entwicklungsengpässe der deutschen Industrie in den Neunziger Jahren, in: Wolfgang Zapf/ Meinold Dierks (Hg.), Institutionenvergleich und Institutionendynamik. Wissenschaftszentrum Berlin, WZB-Jahrbuch, Berlin 1994.

Kronauer, Martin, Exclusion. Die Gefährdung des Sozialen im hochentwickelten Kapitalismus, Frankfurt/ M. 2002.

Naschold, Frieder, Siemens „Öffentliche Netze" (ÖN) am Scheideweg. Eine Fallstudie zur betrieblichen Erneuerung und organisatorischer Transformation, in: „Arbeit"-Zeitschrift für Arbeitsforschung, Arbeitsgestaltung und Arbeitspolitik, Heft 2, Opladen 1996, S. 154-180.

Naschold, Frieder, Die Siemens AG: Inkrementale Anpassung oder Unternehmenstransformation? Eine Fallstudie über Kontinuität und Wandel eines Konzerns, in: „Arbeit"-Zeitschrift für Arbeitsforschung, Arbeitsgestaltung und Arbeitspolitik, Heft 2, Opladen 1997, S. 173-196.

Pierer, Heinrich v./ Homann, Karl/ Lübbe-Wolff, Gertrude, Zwischen Profit und Moral?, in: Pierer, Heinrich v./ Homann, Karl/ Lübbe-Wolff, Gertrude, Zwischen Profit und Moral. Für eine menschliche Wirtschaft, München/ Wien 2003.

Wewer, Göttrik, Korruption, in: Dieter Nohlen (Hg.), Kleines Lexikon der Politik, München 2002, S. 267-269.

Internetadressen:

http://www.capital.de/unternehmen

http:// dialog.igmetall.de/Newsansicht.

http://dokumentation.zdf.de

http://www.faz.net/

http://www.focus.de/finanzen/boerse

http://www.n-tv.de

http://www.sueddeutsche.de/wirtschaft/artikel/
431/147088/print.html

http://www.sueddeutsche.de/wirtschaft/artikel/
5801/107473/print.html

http://www.spiegel.de/wirtschaft/0,1518,druck-
474563,00.html

http://de.wikinews.org/wikiSiemens-Aff

http://www.wirtschaftsblatt.at/home/oesterreich/
unternehmen/wien

http://www.wiwo.de

http://www.managermagazin.de/unternehmen/
artikel/0,2828,483936,00.html

http://xml.zeit.de/2007/19/Siemens-SEC

http://images.zeit.detext/online/2007/14/korruption-interview

http://images.zeit.de/text/2006.